U0510266

中国共产党诞生地
出版工程

罗亦农画传

龙华英烈画传系列丛书

中共上海市委党史研究室　龙华烈士纪念馆　编

鲍晓琼　潘晨　徐贞　著

上海人民出版社

龙华英烈画传系列丛书编委会

主　任：严爱云
副主任：曹力奋　王为松
编　委：薛　峰　年士萍　吴海勇　邹　强

出版说明

　　2021 年是中国共产党成立 100 周年，为回望早期中国共产党人"革命理想高于天"的信仰力量、艰苦卓绝的开拓斗争、舍生取义的无畏牺牲，从中汲取继续奋进的强大精神力量，由中共上海市委宣传部组织，中共上海市委党史研究室、龙华烈士纪念馆编写龙华英烈画传系列丛书，致敬为真理上下求索、为信仰奋斗牺牲的革命先驱们。

　　上海市龙华烈士陵园（龙华烈士纪念馆）是国民革命、土地革命时期著名英烈人物最为集中的纪念地。在新中国成立前中国共产党产生了 171 位中央委员，其中有 42 人牺牲，在龙华牺牲了 7 位，占六分之一；首届中共中央监察委委员 10 人中有 8 人牺牲，在龙华牺牲了 4 位，占二分之一；其他曾在龙华被押过的革命者更是数以千计。丛书首批选取 11 位英烈，按照其生平脉络，选取若干重要历史事件，配以反映历史背景、切合主题内容、延伸相关阅读的丰富历史图片，以图文并茂的方式叙写龙华英烈们在风雨如晦中筚路蓝缕的艰难寻路、为中国革命披肝沥胆的无畏与牺牲，彰显早期中国共产党人实现救国、救民的初心。

丛书所收录的图片和史料多源自各兄弟省市党史研究室、纪念场馆，以及中共上海市委党史研究室、龙华烈士纪念馆等机构的公开出版物及展陈，或源自英烈后代的珍藏。基本采用历史事件发生时期的老照片，但由于年代久远且条件有限，部分无法直接利用的老照片，或进行必要修复，或通过对现存史料进行考证后重新拍摄。

　　丛书反映内容跨度长、涉及面广、信息量大且年代久远，编写人员虽竭尽全力，但不足和疏漏之处在所难免，敬请广大读者批评指正。

目
录
——

一 湘潭入沪求新知

五四启迪始觉醒   004

沪上初识新青年   012

学社入团鹰离巢   017

二 追求真理在苏俄

东方大学优等生   029

旅莫入党任书记   035

上下求索思量多   041

学成主义归国急   046

三 羊城岁月显才干

工农同盟倡导者   055

驻粤斗军阀   060

奔走省港大罢工   065

革命下暗流涌动   072

四 北上南下担重任

在北京区委党校   079

入沪展新篇   081

党群同心悼五卅   086

配合北伐谋起义   090

五 武装起义建大功

起义时机待成熟   097

二武起义幕前曲   102

匆忙的二次起义   109

准备更大的斗争   114

第三次武装起义的胜利   120

六　披荆斩棘湘赣鄂

风云突变志笃行　　　　　　　　　　　　129

决心汉上写新篇　　　　　　　　　　　　139

工农武装燃星火　　　　　　　　　　　　144

实事求是长江局　　　　　　　　　　　　148

七　逆行浦江垂英名

心系革命犯险境　　　　　　　　　　　　155

身陷囹圄归无望　　　　　　　　　　　　160

龙华丹心书汗青　　　　　　　　　　　　165

罗亦农大事年表　　　　　　　　　　　169

参考文献　　　　　　　　　　　　　　182

后　记　　　　　　　　　　　　　　　185

湘潭入沪求新知

LUO YINONG

罗亦农

湖南，风景秀丽，人杰地灵，有"湘中灵秀千秋水，天下英雄一郡多"之美誉。在近代革命史上，亦不乏其人。毛泽东、何叔衡、蔡和森、邓中夏、李立三和罗亦农等，都是湖南籍中共早期领导人，在传播马克思主义、领导中国工农革命的事业上作出了不朽的贡献。

罗亦农，原名善扬，字慎斋（记入族谱时改字"敬斋"），号振纲，一号觉，参加革命后改名"亦农"，曾用过"一农""林子谷"等名字。留学莫斯科的时候起俄文名布哈洛夫（音译）。历任中共上海区委书记、中共江西省委书记、中共湖北省委书记、中共中央长江局书记等职。1927 年当选为中共中央临时政治局常委。1928 年 4 月，因叛徒出卖，被捕牺牲。

中共中央在《布尔塞维克》杂志第二十期头版头条发表专文《悼罗亦农同志！》，评价道：

中国无产阶级失去了一位最热烈的领导者，中国共产党失去了一位最英勇的战士。

罗亦农同志的热烈的革命精神，可为中国共产党全党党员的楷模。

五四启迪始觉醒

清光绪二十八年（1902 年），罗亦农出生于湖南湘潭古老的易俗河镇，中湘罗氏家族在这里世代居住，开枝散叶。罗亦农的父亲罗宝仓，字子厚，号纯谦，生于清光绪八年（1882 年），有兄弟二人。罗亦农的伯父罗宝昆，生于清同治十二年（1873 年），卒于清光绪十五年（1389 年），没有子嗣。罗宝仓有 2 个儿子，罗亦农的哥哥，名善表，生于清光绪二十三年（1897 年），比罗亦农大 5 岁。按照当地的乡俗，罗亦农过嗣给了罗宝昆。

罗家原本世代务农，到了罗宝仓的时候，有了一个机会经

《中湘罗氏四修族谱》

商，在易俗河镇开了一家名为"石昌发"的碓坊，另外还曾经跟人合作开杂货铺。对普通农民来说，罗宝仑是个能耐人，他还当选做过团总，管过公堂。

因为家庭经济条件比较好，小亦农不用像别的农家孩子那样自幼就必须干农活，他的童年相对自由轻松。6岁的时候，他开始跟着哥哥去本村的私塾读书。11岁的时候，他和哥哥一起去湘潭县下摄司向农塘的私塾读书。那里的塾师郭月卿，是个秀才，很有学问。

罗亦农跟着郭月卿上学之后才发现，读书并不总是那么枯燥无趣。郭月卿的课堂生动丰富，注重结合实际讲解传统经典，让学生真正明白优秀传统文化的内涵；在课本之外，讲许多社会上正在发生的事。罗亦农幼小的心灵里打开了一扇窗户，他明白了在古老的易俗河镇之外，有一个全新的不同的世界。

1916 年，罗亦农考入湘潭益智学校（学制 4 年）读书。这所学校是美国长老会于 1902 年创办的教会学校，经过多年的发展，于当地颇负盛名。在这里，罗亦农更加深入地接触到了中国正在发生的变化，并且结识了一批志同道合的同学。

1915 年底 1916 年初，中国上演了一场袁世凯称帝的闹剧。

罗亦农故居

反对袁世凯帝制的斗争迅猛发展，至 3 月，袁世凯被迫取消帝制。在一片反对声中，袁世凯于 1916 年 6 月病卒。

罗亦农在湘潭入学的时候，护国运动已经胜利结束。罗宝仑在送儿子上学的路上，反复叮嘱，要他安心在学校学习，不要惹祸，以后好回家帮忙经营。罗亦农嘴上应着，当然也希望自己做一个孝顺孩子。但是，当时大街小巷都在讨论帝制、民主和革命党，一颗少年的心注定不能安放在象牙塔中。

刚刚入学的时候，罗亦农在追赶课业上有些吃力。益智学校的基本课程有英语、国文、数学和一些科学基础知识，除了国文，其他的学科罗亦农都是从零开始。但是他勤奋刻苦，成绩还不错。益智学校还有一门主要课程是神学课，学生在饭前睡前都必须做祷告，周末要做礼拜。神学课和这些繁复的礼节，让罗亦农想起了小时候村里私塾供奉的那块孔子牌位，他丝毫不感兴趣，甚至有意不遵循规定。

益智学校实行封闭式管理，只有周日下午可以外出，采买必需的生活用品。罗亦农经常趁着这个时间，与几个好友一起跑去参加社会上的爱国活动。当时，校方对于学生参加社会运动是明令禁止的，罗亦农等学生的行为没有逃过学校的检查。为了"救赎"这些迷途的羔羊，校方试图晓以基督精神，而罗亦农知道学校的立场与自己的爱国立场无法调和，干脆在第二年就退学了。

回到易俗河镇之后，罗亦农试着跟父亲商量，让他去更大的城市寻一条出路，结果当然是遭到了强烈的反对。在罗宝仑看来，儿子的种种行为是在玩闹，甚至不可理喻。罗亦农这一年已经16岁，想想自己在15岁的时候就有了大儿子，于是他认为，是该给罗亦农张罗婚事了，结了婚应该就会"务实""收心"了。

在父亲的安排下，1919年春节前夕，罗亦农与谢家的女儿结婚。刚刚结婚的罗亦农确实度过了一段安稳生活，但是不久之后爆发的五四爱国运动，再次激荡起罗亦农的热血。

1919年，由于巴黎和会上中国外交的失败，5月4日北京十几所学校的3000余名学生齐集天安门前举行请愿游行，他们在宣言中写道："中国的土地可以征服而不可以断送！中国的人民可以杀戮而不可以低头！国亡了！同胞们起来呀！"北京的中等以上学校组成了学生联合会，举行总罢课，开展爱国演讲，遭到北洋军阀政府的武力镇压。天津、上海和其他一些城市的学生纷纷走上街头，响应北京学生，举行抗议行动。

这场声势浩大的爱国运动也迅速传递到了湖南。湖南各地人民，特别是青年学生，纷纷走上街头，声援北京学生的斗争。5月底，湖南学生在长沙召开各校学生代表会议，成立了湖南学生

北京大学示威游行的队伍向天安门进发

联合会，这个学联的实际指导者是毛泽东，旨在领导长沙和湖南各地学生运动，开展爱国宣传、抵制日货等活动。与此同时成立了湖南国货维持会，号召大众购买国货。

　　罗亦农通过湘潭的同学知道了这场正在发生的影响巨大的运动，他为祖国遭人欺凌而哀伤，为举国民众的爱国之诚而感动。于是，他不顾家人的反对，联络一些志同道合的同学，一起去长沙参加学生运动。

罗亦农和一些洇潭学生代表到长沙后，与湖南学生联合会取得了联系，并积极参加了国货贩卖团，跟来自湖南各地的学生一起，到街上游行，宣传爱国思想，高呼"一致对外，大家努力，提倡国货，莫买日货"的口号。他详细听说了北京五四运动发生的经过，感受到在每一次的热烈讨论中这些爱国学生的拳拳之心，讨论争先恐后，发言常常是声泪俱下。罗亦农的热血沸腾着。

昔日在益智学校的好友，现在正在长沙的船山学校就学。船山学校当时的校长是贺民范（贺民范，字洪涛，清末秀才。1907年留学日本，在日本加入中国同盟会，参加辛亥革命。曾任湖南省临时省议员兼秘书长，后任安化、岳阳等县知事。1918年辞官，担任船山中学校长），正在开办平民半日学校，招收失学青年半工半读。罗亦农通过好友的介绍，成为平民半日学校的一名学生。这样，不用依靠家庭的资助，罗亦农实现了追求新知的愿望。

与此同时，学生的爱国行动遭到湖南督军张敬尧的阻挠。张敬尧于1918年开始担任湖南省督军兼军长，任由军队烧杀淫掠，搜刮民财，罪行累累，湖南人民恨之入骨，称其为"张毒"，一直在进行反抗斗争。五四运动发生后，张敬尧竭力封锁消息，不准报道五四运动的任何消息，并用各种方式来阻挠学生的反日爱

张敬尧

国运动，下令各校立即停止供应膳食，强迫学生离校。还污蔑爱国学生为过激党，进行大肆搜捕。7月，张敬尧派人暗杀了学生代表。"上海国民大会代表吴灿煌，工业协会代表程鹏，拟在湘发起国民大会，以鼓舞民气。张氏佯表同情，阴遣军警黑夜闯入船山学校，将程吴二代表刺死。事后仅以一纸悬赏缉拿凶手之空文，希图掩饰全国人之耳目。"1919年8月10日，更以武力解散了湖南学生联合会。

血淋淋的事实教育了罗亦农，他认识到，黑暗的北洋军阀政府不推翻，中华民族难以独立。眼见在长沙已经没有继续运动的希望，罗亦农和朋友一起踏上了去往上海的旅程。

沪上初识新青年

1919 年下半年，只有 17 岁的罗亦农历经艰辛，风餐露宿，终于从偏僻的乡村来到了中国最大最繁华的城市——上海。向往已久的上海啊！鳞次栉比的高楼和花园洋房，灯红酒绿的街道和靡靡歌声，无不让罗亦农惊奇、惊叹。但是很快，他看到了上海的另一面。趾高气扬的洋人对着的是卑躬屈膝的中国人，花园洋

百年前的上海

罗亦农画传

房的另一边是低矮破烂拥挤不堪的棚户，灯红酒绿的背面是食不果腹、路有冻死骨。黄浦江畔停着的是外国轮船和兵舰，公园门口甚至立着牌子，指明华人和狗不得入内。是可忍，孰不可忍！罗亦农心中积蓄着愤怒和困惑。

刚到上海的时候，罗亦农曾考进一所中学读书。但是很快，带来的钱花完了，不得已只好停学。几经托人介绍，罗亦农在法租界马斯南路吴兴里的一家小报馆找到了当校对工的工作。报馆的工作是辛苦的，但这里书籍杂志很多，学习条件很好。当时的上海，人文荟萃，各种思潮林立。罗亦农的眼前打开了新世界的大门。罗亦农在工作之余广泛涉猎各种书刊，对《新青年》尤其喜爱，他几乎每期必读，里面介绍马克思主义的文章，在他的心里产生了强烈的共鸣。

罗亦农知道《新青年》的主编是陈独秀，是一个敢于对抗北洋政府的了不起的人。五四运动中，陈独秀旗帜鲜明地支持学生运动，并陆续发表了大量文章，成为"五四运动总司令"，遭到北大保守势力的憎恨、排挤和北洋军阀政府的逮捕、迫害。1920年2月在李大钊的护送下离京来到上海，几经迁移，在4月搬进了老渔阳里2号（今南昌路100弄2号）。

知道陈独秀避难来了上海，青年们纷纷登门造访。罗亦农打听到陈独秀的住处后，也在精心准备后，敲开了陈家大门。这个

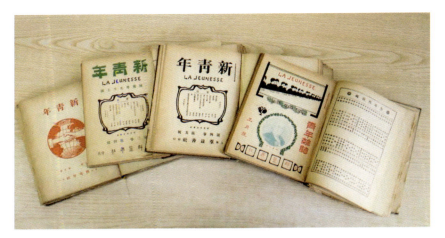

《新青年》杂志

中等身材，眼神炯炯，说话带着浓重安庆口音的人就是陈独秀，他的平易近人让罗亦农逐渐放松下来。在交谈中，罗亦农向陈独秀详细讲述了自己从湖南来到上海后的生活和目标理想。陈独秀知道，这又是一个可为民族和国家培养的有志青年。

此后，罗亦农与陈独秀像学生和老师一样开始联系。陈独秀向罗亦农讲解马克思主义的学说，以及当时他和李大钊实验的工读主义。

1920年春，《新青年》第7卷第2号、第3号上发表了《工读互助团募款启事》，说到："实行半工半读主义，庶几可以达到教育和职业合一的理想……不但可以救教育界和经济界的危

陈独秀

机，并且可以免得新思想的青年和旧思想的家庭发生许多无谓的
冲突。"陈独秀将工读互助的思想向罗亦农介绍之后，罗亦农感
到此前无望的挣扎找到了出路，与家庭的矛盾找到了一种解决的
方法。

　　工读互助团首先在北京成立后，全国各地的青年纷纷效仿，
罗亦农受到陈独秀的鼓励，与当初一同来沪的同乡商议后，决定
成立"沪滨工读互助团"。

　　1920年6月，他们在法租界的贝勒路吴兴里16号租了一间
房子，开始了工读互助，以互助合作为宗旨，实行社会主义的集

体生活。7月3日，上海的《时事新报》和《救国日报》同时刊登了他们的《沪滨工读互助团的发组言》：

> 这个时代，不可一日不读书，又不可一日不谋生计。要读书，又要谋生计，所以必定要工读互助。做工所得的工资，供给读书的消耗；读书所得的收获，作为做工的应用，两相帮助，好像"辅车相依"一样。

为使工读团达到预期的目的，罗亦农等组织者作了很大努力。首先，通过陈独秀等知名学者帮忙联络借读的学校。据《时事新报》1920年10月10日报道，复旦大学、南洋医学专门学校等都接受了沪滨工读互助团的团员。其次，在寻求读书机会的同时，为解决衣食问题，原有一些团员从事编辑工作，但这种工作机会十分有限，不能实现团体的协同进步，于是他们自己筹办了一所线袜工厂，希望达到经济的独立，以实现完全自由的工读，"可以由工读团达到很大的新村，由新村达到大同的世界"。

这个团体一开始只有几个人，很快便发展到十几人。但他们很快也与之前所有工读互助团体一样，遇到了自己无法克服的经济困难，不得不在1921年2月宣布解散：

在资本制度之下，无论如何总不能达到我们生命力所必须的要求。……工读互助团所最需要的就是工作，今我们这个团体已有的工作概已掉落，而将来的工作又没有希望，同人们虽竭尽全力，要谋团体的存在，又奈事理逼迫，没有一点存在的余地，不得已乃于昨日宣布全体解散。

在解散宣言中，他们总结历时半年多的工读实践，最终得出根本制度不解决，工读就难以存活的结论。那时候年轻的罗亦农还没有总结出工读互助的本质，是一种受无政府主义影响的小资产阶级的空想社会主义，严重脱离社会现实，不仅在中国，在任何国度都是注定要失败的。

学社入团鹰离巢

值得注意的是，罗亦农等人组织沪滨工读互助团的时间跟上海共产党的早期组织、上海社会主义青年团以及外国语学社的发展是交织在一起的。

俄国十月革命之后，以李大钊、陈独秀等人为首的知识分子纷纷转而以俄为师。在中国知识界寻求对苏维埃俄国更多的了解的时候，苏俄政府于 1919 年 7 月 25 日发表的第一次对华宣言，冲破北洋政府的新闻封锁，于 1920 年三四月间在《东方杂志》等刊物上发表出来，这个宣言表示废弃沙俄在中国境内的一切特权。这在中国社会引起了极大的反响。《新青年》刊登了中国舆论界的反应：应该由此前进一步，"研究俄国劳农政府的主义"，赞同"俄国劳农政府所根据的真理"。

1920 年陈独秀被迫离京入沪后，于当年 3 月，李大钊等人率先在北京大学组织了马克思学说研究会。不久之后，经共产国际批准，俄国共产党（布尔什维克）远东局海参崴分局外国处派出

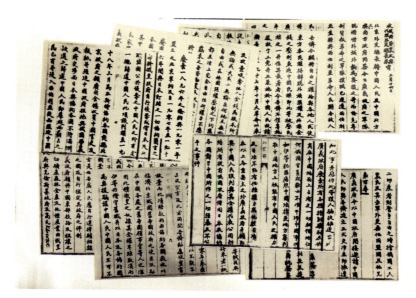

苏俄政府第一次对华宣言抄件

全权代表维经斯基（维经斯基在华期间化名吴廷康）来到中国，他最先到达北京，同李大钊建立了联系。在李大钊的介绍下，维经斯基又来到上海，找到陈独秀。由此，创建中国共产党的工作提上了日程。

1920年5月，陈独秀发起组织马克思主义研究会，6月，在陈独秀的寓所，陈独秀和李汉俊、俞秀松等5人，决定成立共产党的组织，还制定了党纲。陈独秀曾写信给在北京的李大钊征求党的名字，是用"共产党"还是"社会党"，李大钊的意见是使用"共产党"，陈独秀表示同意。

这一年的8月，共产党早期组织在上海法租界老渔阳里2号成立了，陈独秀担任书记。在党的早期组织的领导下，在同月成立了上海社会主义青年团。青年团成立后，亟须通过创办学校培养青年，在青年中发展团员，为党造就后备力量。

1920年7月，共产国际第二次代表大会召开，马林明确提出建议：共产国际要培养东方革命干部，莫斯科和彼得格勒已成为东方的新麦加，应给东方共产主义者在俄国得到理论教育的机会。

于是，经维经斯基和李大钊、陈独秀商议，1920年9月，上海共产党早期组织在新渔阳里6号（今淮海中路567弄）成立了一所培养青年革命者的学校——外国语学社，它同时也是中俄通

上海法租界环龙路老渔阳里2号（陈独秀寓所）

讯社、上海社会主义青年团等机构的办公地。

　　1920年9月28日上海《民国日报》最早刊登了招生广告："现已成立英、俄、日本语三班。除星期日外每班每日授课一小时，文法读本由华人教授，读音会话由外国人教授……每人选习一班者纳学费银二元。"实际上，选派来这里学习的学员不需要缴纳学费。俄语是主要的课程，《马克思〈资本论〉入门》《共产党宣言》等是必读书目。

陈独秀筹划建党的时候，认识了许多跟罗亦农一样的青年，他作为导师引领着这些青年前进。在陈独秀的影响下，罗亦农等沪滨工读互助团的青年成为外国语学社的学员。外国语学社的学生很多是经各地的共产党组织或青年团的有关人士介绍而来。这些学生大多需要自己解决衣食问题，所以外国语学社的学员有很多实际上是半工半读的状态。

他们半天上课，半天自修，同时参加一些政治活动，包括刻印传单，深入工厂工人之中进行宣传，在纪念日参加游行，参与面向工人群体宣传马克思主义的周刊《劳动界》的编印工作等。

罗亦农等人组织的沪滨工读互助团虽然最后失败了，在外国语学社的这一段时间的学习和实践，却帮助他们坚定了要走马克思主义道路的信念。在这里，罗亦农成为中国社会主义青年团最早的一批团员之一；在这里，罗亦农通读了《共产党宣言》在中国出版的最早版本；也是在这里，罗亦农开始结识了他一生中相处最好的一批朋友，此后革命道路上生死相依的同志。

罗亦农曾经在教会学校学习，这让他在俄文学习上稍微轻松些，加上他自身的努力，经过半年的学习，罗亦农等首批学员基

外国语学社旧址（上海霞飞路渔阳里6号），也是上海社会主义青年团机关旧址

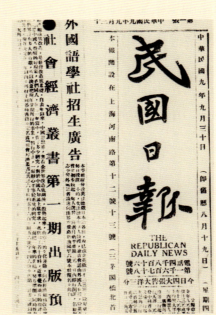

1920年9月，外国语学社在上海《民国日报》上刊登的招生广告

罗亦农（前排左一）与俞秀松
（后排中）等人的合影

本掌握了日常俄语交流，上海的共产党早期组织准备送他们赴苏俄学习。

为了筹措赴俄留学的经费，1921年春节前夕，罗亦农回到了家乡湘潭。邻居和亲友都有一个感觉：近两年不见，亦农大变了。他穿着一套当时在湘潭还少见的西装，神采奕奕。他变得比过去更谦和，更热情。言谈虽然不多，却给人以新鲜感。他对几个青年说："我们现在所处的社会不好。不过，一切都在起变化。世界上有的国家就变好了，比如俄国。"当人们问及为何要单身出走时，他的答复很简单。他说："为了寻找个人出路。"罗亦农要到俄国留学的消息在亲友中传开，有人摇头，有人赞许，议论纷纷，莫衷一是。罗氏宗祠的族长召集了几个头面人物商量，决定"不予支持，不给分文"。这个时候，罗宝仑因为经营不善已经破产。他沉思良久，这个孩子从小跟别人不一样，想来不能安分守家业，赴俄留学，也是光宗耀祖的事，于是凑了100元资助他。罗亦农的岳父以及一个远房叔父也分别送了自己的一点积蓄。就这样，左挪右凑，罗亦农终于筹到了可以帮他到达苏俄的旅费。

在离家之前，罗亦农想到年事已高的母亲，一辈子在封建礼教约束下遭遇的种种不公，内心分外疼痛。此去一别，不知何时才能回来，于是他上山精心选了一根茶树枝砍下，回来做成拐杖，送与母亲，以表眷眷之心。

罗亦农送给母亲的木拐杖

春节过后，罗亦农告别家人，返回上海。不久，便与刘少奇、任弼时、萧劲光等人一起踏上了赴俄学习的征程。当时，去苏俄还是一件秘密的事情。同行的几人，分别扮作互不相识的小商人，去海参崴讨生活。

东方大学优等生

1921 年春，罗亦农和同伴们，怀着追求真理的迫切心情，从上海乘邮轮，转道日本长崎，抵达海参崴（现名符拉迪沃斯托克），再乘火车经伯力到达莫斯科。

罗亦农等人算是十分幸运，旅途虽然漫长而劳累，但数月的奔波，怀抱着不可预知的希望，他们终于顺利来到向往已久的红色之都。这里的一切都那么陌生，在 7 月的阳光下，曾经在书本中、课堂上读到、听到的世界，已经展现在他们面前。

罗亦农他们一进入苏俄的土地，便得到了热情的接待。当时，莫斯科正在召开共产国际第三次代表大会（大会召开时间为 1921 年 6 月 22 日—7 月 12 日），52 个国家的 103 个政党和组织的 605 名代表齐聚于此，罗亦农等人被安排与参会的代表住在一处，并且以东方民族代表的身份列席大会。

大会主要讨论世界经济危机和共产国际的新任务、共产国际执委会工作报告、德国共产主义工人党问题、意大利问题等。在这次大会上，罗亦农等人还第一次看到了革命导师列宁，他做的关于俄共（布）的报告给这些初到莫斯科的中国青年上了难忘的第一堂政治课，他那充满力量的语言和坚定的信念，给罗亦农留下了深刻的印象。

列宁在共产国际三大上

　　出席并在大会上发言的中国代表是张太雷，他的发言将远东革命运动与世界革命相联系，指出如果日本控制了全中国，就会对世界革命造成威胁。由此，共产国际执委会就东方问题发表了一个公告，提出了一切民族力量在反帝斗争中实行联合的问题。在这次大会上，罗亦农开始感受"国际主义"，他是某一个国家的代表，但他也并不仅仅代表一个国家和民族，在这里他们的讨论是关乎所有国家和民族的前景。

　　共产国际三大结束后不久，7月23日，中共一大召开了。对

　　　　　　　　　　　　　　　　　　　　　　　罗亦农画传

张太雷

于罗亦农来说，没有能够参加中共一大是一种遗憾，但他正在以自身的成长为党的发展增添力量。罗亦农和同伴们被分配到刚成立不久的莫斯科东方劳动者共产主义大学（以下简称"东大"）学习。1921年10月，东大正式开学，这是一所专门培养革命干部的政治性学校，名誉校长是斯大林。它不收学费，而且包食宿。学生分属于70多个民族，招收来自苏维埃俄国远东各少数民族以及远东各国的进步青年。开学的时候，由于来自中国的学生比较多，于是单设了一个中国班。罗亦农在莫斯科期间使用俄文名字布哈洛夫（音译）。

莫斯科东方劳动大学旧址

　　当时，由于战争的破坏和敌对势力的封锁，苏维埃俄国也正处于物质匮乏、经济严重困难的时期。苏俄政府尽己所能给予中国学员以好的待遇，但生活仍然非常艰苦。每个学员每天只能领到一块巴掌大的黑面包和几个土豆。这点食物必须精打细算，不然一天剩下的时间就只能饿肚子。中午吃饭排队能领到一份汤，用海带、土豆和一点点咸鱼熬煮，几乎清澈见底。莫斯科的冬天非常寒冷，与湘潭的温暖简直天差地别。大家把带来的所有的衣服都穿在身上，仍然冷得发抖。夜晚，大家一个紧挨着一个，挤在一起取暖，勉强入睡。

东大的学习非常紧张。每天清晨，随着一声哨响，罗亦农和同学们必须全部整理完毕，跑步到操场列队。领取到一小块黑面包后，就开始进入教室上课，一天的时间被安排得满满的。基于培训政治干部的宗旨，东大的课程偏重于政治理论，特别是苏俄革命与建设的理论和实践，包括马克思、恩格斯的《共产党宣言》，列宁的《青年团的任务》，布哈林的《共产主义 ABC》以及联共（布）党史和工会运动等。

不仅如此，除了上课学习，所有学员必须接受安排的工作，包括去工厂做工。一些人受不了这样的艰苦，还有很多人生病了，退缩的情绪逐渐蔓延开来。当时也有很多学生认为到莫斯科本意是来学军事的，不是来读书的；他们尚不能理解革命理论在革命运动中的重要性。

但是罗亦农却有着格外坚定的意志，他知道自己远离家乡父母妻子要追寻的绝不是物质上的东西；跟自己立志投身的革命事业相比，这点苦只是刚刚开始、微不足道；况且，他相信艰苦只是暂时的，苏俄的制度最终追求的幸福才是永恒的。苏俄的可贵不在于它今天已经实现了的情况，而在于它前进的方向，就如瞿秋白在《赤都心史》中所描绘的那样："……新旧两流平行缓进，还可以静待灿烂庄严的将来呢。"

瞿秋白

　　罗亦农到东大之后，认真观察苏俄的社会现状，刻苦钻研各种问题。他原本的语言基础就比较好，很快就熟练掌握了俄语读写的能力，可以自由阅读俄语书籍报刊。

　　1921 年的秋天，以记者身份留在莫斯科的瞿秋白被安排到东大担任中国班的翻译兼助教，由于瞿秋白身体不太好，于是罗亦农成为瞿秋白的秘书，协助他工作。在课余，罗亦农与任弼时等几个俄语基础较好的同学经常在一起，对课程中比较难理解的名词术语进行反复推敲，进行翻译，再讲解给同学们听。罗亦农的寝室总是挤满了人，成为中国学生解决学习中疑难问题的第二课堂。

罗亦农坚定的思想、严谨的作风、显而易见的组织才能，很快得到同学和东大领导的赏识，被选为中国班的负责人。

旅莫入党任书记

一开始，东大中国班先成立旅俄中国青年共产团，罗亦农被推为书记。1921 年冬天，东大中国班成立了中共组织，罗亦农即由团员转为党员。当时旅莫中共党组织称为"旅莫小组"，大家"推罗觉（即罗亦农）为主席"。

莫斯科作为赤都，许多国际会议都将其作为开会地点。列席和关注会议的情况，成为罗亦农和同学们获得知识和增长才干的重要途径。

1922 年 1 月 21 日至 2 月 2 日，远东各国共产党及民族革命团体第一次代表大会（简称"远东会议"）在莫斯科和彼得格勒召开。此时，于 1921 年 11 月 12 日开始的华盛顿会议已接近尾声，中国问题既是华盛顿会议的中心议题，也显示着中国在西方国家中的窘迫处境。这次远东会议针对的便是华盛顿会议即将达成的结果。出席远东会议的代表有 148 人，中国代表团 44 人，团长是中共代表张国焘，罗亦农以代表身份参加了这次会议。

远东会议开幕情景

　　与西方国家的冷漠和诡谲形成鲜明对比的是，大会的基调是帮助分散的和被压迫的中国人民把一切掠夺者从中国赶出去。中国代表团有 5 人在会上作了发言，介绍了中国形势，农民、工人、妇女运动的状况，以及国民党广州政府的情况。大会最后通过了相应的决议和《告远东各国人民的宣言》，号召全世界无产者和全世界被压迫的人民联合起来，在共产国际的旗帜下，结成牢不可破的远东劳动者联盟。

　　这次会议既让罗亦农对祖国目前的状况有了一点宏观的认

识，也让他增强了紧迫感和危机感。他加紧了在旅莫组内部的学习和训练安排。

为了更加深入地了解苏俄人民的现实生活，这一年暑假，罗亦农组织中国班的十几名同学一起前往乌克兰农村进行实地调查，走访农家，通过当地人的讲述，罗亦农对十月革命后俄国农民生活的变化有了更为具体的了解。

1922年冬天，共产国际第四次代表大会（11月5日—12月5日）在彼得格勒和莫斯科召开。陈独秀来参会，会后他来到东大看望旅莫的学生。得知陈独秀要来莫斯科，罗亦农十分高兴。作为中国共产党首批赴苏的青年，中共中央对东大学生倍加珍视，在很多问题上十分重视他们的意见。陈独秀来到东大还带来了中共二大通过的党章，请年轻的党员公开讨论。

罗亦农组织同学们认真学习并且逐条讨论了党章的内容，提出了十分中肯的意见。比如，党章第二条关于入党手续，只规定了报批单位，介绍人都没有具体的限制，罗亦农提出，党员入党，应该由两名有3个月以上党龄的党员介绍，并经过地方执行委的承认，才能成为正式党员。党章第三条规定"凡经中央执行委员会直接承认者，或已经加入第三国际所承认之各国共产党者，均得为本党党员"。罗亦农认为，即便是以上两类党员，也需要经过"某机关审定"才可以成为正式党员。这两条意见得到中共中央的高度重视，在中共三大通过的中国共产党第一次修正章程之中，第一章"党员"第二条为"党员入党时，须有正式入党半年以上之党员二人之介绍"，"候补期劳动者三个月，非劳动者六个月"，第三条则改为"凡经中央执行委员会直接承认之党员，当通告该党员所在地之地方委员，亦须经过候补期；凡已加入第三国际所承认之各国共产党者，经中央审查后，得为本党正式党员"。这两条规定成为整个大革命时期中共组织建设中的基本原则。

陈独秀对罗亦农的工作感到非常满意。经过莫斯科一段时间的考察，让陈独秀想到了前几年赴法勤工俭学的中国青年们，此时正处于十分困难的状况，不如让他们来苏俄学习，似乎对中国革命更有指导意义。于是，中共中央决定安排中共旅欧支部学员分批赴俄。

旅欧支部学员赴俄的联络和安排，在莫斯科自然主要由罗亦农负责。1923年的二三月间，罗亦农接到赵世炎从巴黎寄来的信，随即按照要求与东大方面交涉，使得中共旅欧支部的同学顺利拿到入俄的护照。

1923年4月初，第一批学员从法、德两国来到莫斯科，有赵世炎、陈延年、陈乔年、熊雄等一共12人。当时大家知道旅莫支部的负责人名叫罗觉（罗亦农在莫斯科期间使用的中文名）。当时，罗亦农恰患病住院。一直到 4 月 28 日召开的支部大会上，大家才第一次看到罗亦农，裹着军大衣，颓然地坐在椅子上。但是，他的发言仍然是奋发向上的，充满了战斗力，他说：来俄的目的"是研究马克思主义，学习马克思的革命经验，训练自己成为很好的共产主义者"，回国后"代表无产阶级活动"，因此应严格训练，以达到回国后能担负起指导工作的责任。

随着旅欧支部同志的到来，旅莫组得到极大的扩充。在 1923 年 4 月 28 日的会议上，中共旅莫支部委员会成立，正式党员和候补党员总计 23 人，罗亦农、彭述之和赵世炎组成支部委员，罗亦农担任书记。自此，中共旅莫支部的组织比较健全了。会议还决定由罗亦农提出训练方面的详细条文。

不久，罗亦农便拟定《旅莫党团训练具体方案》，在思想、组织、纪律等方面作了严格的规定：在思想和研究方面，要养成革命的人生观；在行动方面，要绝对反对无政府的倾向；在个性方面，要集体化。这个方案在 1923 年 5 月 7 日的支部临时大会上讨论通过。

考虑到支部成员在社会科学研究方面都有一定的基础，罗亦农提出今后的学习应该专门注重某一方面，"关于本党的研究范围及供国内本党机关报的材料"，在临时支部会上初步拟定了几

1923 年 4 月罗亦农（左二）与张国焘（左四）等人在莫斯科的合影

个研究课题，包括唯物史观、经济学、工农运动史、各种社会主义派别、殖民地问题、宗教问题以及各国革命现状等，要求每个成员选择两个专题进行研究，并撰文发回国内发表。

随着天气转暖，罗亦农的病也渐渐好转，活动开始增加，大家看到他从精神到身体都焕发着活力。他总是很忙碌，对人很和气，话并不多，直击要点。在相互交往和了解之中，罗亦农的能力和品行得到越来越多同志的认可。

上下求索思量多

随着越来越多的中国同志到莫斯科来，罗亦农的工作越来越繁忙。1923年，东大中国语言组成立，罗亦农负责其中的组织工作，兼任翻译及在中国班讲授唯物论。从此，除了学习，他开始逐渐接触具体的革命工作。

1923年秋，国共合作的局面初步形成。早在十月革命胜利之初，孙中山和列宁的交往就开始秘密进行了。1920年的共产国际二大，明确了在东方国家组织更大范围的共产主义运动和民族解放运动，同时指明民族解放革命在当时仍是资产阶级民主革命，所以共产党应首先支持资产阶级民主运动，首先是民族革命运动。

1923年1月26日，孙中山与苏俄代表越飞发表《孙文越飞联合宣言》，表明了孙中山公开确立联俄政策，也表明苏俄政府对孙中山的支持。此后，国共合作的步伐加快。

这一年的9月2日，"孙逸仙博士代表团"到达莫斯科，和苏俄商谈关于援助国民党和建立黄埔军校的若干事宜，蒋介石是代表团的团长和全权代表，张太雷、沈定一等人都参加了这个代表团。罗亦农受中共旅莫支部的委派，负责接待代表团在苏俄的考察事宜。

罗亦农组织东大中国班的全体学员为他们举办了欢迎会。10 月 10 日，蒋介石在住地宴请全体中国学生，欢迎共产党员和团员参加国民党。蒋介石一行在 11 月底才启程回国，在此期间，罗亦农数次出入蒋介石的住地，就合作与革命的问题进行交谈。

1924 年 1 月 20 日至 30 日，中国国民党第一次代表大会在广州举行，在事实上确立了国民党的联俄、联共、扶助农工三大政策，标志着第一次国共合作的正式形成。

就在国民党一大召开之际，1924 年 1 月 21 日，列宁由于病情急剧恶化而去世。列宁逝世的消息不仅震惊了苏俄全国，也使在东大上学的中国学生深感哀伤，他们大部分人都参与了送别这位伟大导师。

1 月 23 日，列宁灵柩抵达莫斯科，安放于工会大厦圆柱大厅内，由政治局委员轮流守灵。23 日至 27 日，各界群众来到这里向列宁告别。为了深切悼念列宁，苏维埃社会主义共和国联盟委员会主席团决定将彼得格勒改名为列宁格勒，建立"列宁研究班"，用世界主要文字出版列宁著作，在莫斯科和其他主要城市建立纪念碑。

从 1 月 23 日至 27 日的四个昼夜里，有 90 万群众前往工会大厦向列宁遗体默哀致敬，在零下 30 度的严寒中，工会大厦外

列宁

罗亦农为列宁守灵时
佩戴的胸章

的大街上燃起了篝火；灵柩四面站着守灵的人，过几分钟换班一次，守灵的有老布尔什维克、科学院学者、党中央委员、工会领导人、工人、胡子结了霜的农民。1月27日上午9时20分，列宁灵柩被从工会大厦抬到红场，下午4时，在一片哀乐声中，列宁灵柩被徐徐安放到莫斯科红场陵墓中。

罗亦农和中国班的同学轮流代表东方民族为列宁荣誉守灵五分钟。罗亦农被这伟大的情感冲击着，感动着，深深震撼着，他仿佛体会到为了人类事业奉献一生的革命者生命的价值和尊严。

今天，他为列宁守灵时佩戴的胸章保存在龙华烈士纪念馆中。

此后，罗亦农一直关注着国内国共合作开展的情况，组织党团会议和支部会议讨论联合战线问题，根据国内革命的需要，决定派遣部分同志回国工作。1924年的暑假，罗亦农和中国班的同学一起，翻译了布哈林的《共产主义ABC》等著作。

1924年6月17日，共产国际第五次代表大会在莫斯科召开，出席此次会议的中共代表是李大钊、王荷波等人。大会闭幕以后，李大钊留在莫斯科担任中国共产党驻共产国际的代表，并从旅馆搬进了东大宿舍。

李大钊在东大专门开设了讲述中国革命问题的课程。罗亦农作为中国班的负责人和中共旅莫支部书记，与李大钊的交往十分

李大钊

密切，成为李大钊在莫斯科工作的重要助手。

此时的中国革命，仍在各种势力的夹缝中艰难进行。陈独秀等人对孙中山主张军事行动、共产国际支持国民党北伐的态度有不同意见和看法。10月1日，《向导》第85期刊登了陈独秀的《国民党的一个根本问题》，主张国民党停止军事行动，放弃广州政府，而以政治宣传和民众组织工作为唯一的任务。

对陈独秀的意见，共产国际方面的态度是很明确的，共产国际下令中共旅莫支部进行讨论。讨论之后，作为旅莫支部负责人，罗亦农写信给以陈独秀为首的中共中央。陈独秀是罗亦农在革命道路上的第一个引路人，罗亦农对他很尊敬，但在这个问题上，罗亦农坚决提出不同意见，他在 1924 年的 12 月 27 日寄回国内的信中写道："《向导》自八十一期起，对于（国）民党右派、中派所取的攻击的态度，我们认为是很对的……但自八十五期起，我们同志的论调却有一种离开国民革命战线的不好的倾向。"提出党当前的政策应该是："赞成中山利用帝国主义一切矛盾和军阀的冲突，去在民众中发扬国民革命运动和作拿到政权的准备"，并应"不断的努力攻击右派的错误，从这个行动的斗争中形成左派势力"，使广州政府"渐渐地落在左派手中"。

虽然罗亦农人不在国内，但对国内形势大发展和应采取的态度的判断是基本正确的。这封信中的观点，在罗亦农回国后的很长一段时间里都在实践中得以验证。不久之后，1925 年 1 月，陈独秀写信给中共旅莫支部，"急需得力同志能负责指导独当一面者"回国工作。于是，罗亦农终于能够回到祖国，将所学投入革命事业中。

学成主义归国急

罗亦农曾多次在支部会议上强调来苏俄的目的："不是为学士、硕士的头衔，以备归国后为晋身之阶的，为的是来学无产阶级革命的理论和实践以及训练自己成为踏实死干、以革命为职业的共产主义者。"

在莫斯科3年多的学习，让罗亦农已经掌握基本的革命理论。他旗帜鲜明地指出，殖民地的国民革命只有无产阶级才能领导。他注重理论，更强调研究工作要注重现实，特别要注重列宁主义与马克思主义对具体事实的分析。他要永远为无产阶级的利益而不懈奋斗。

在接到陈独秀的来信后，罗亦农已经归心似箭。罗亦农所在的旅莫团对他在莫斯科的表现作出如下鉴定："对团体极忠诚，一切言论行动都能布尔什维克化，研究理论很切实，能应用在事实上，最近更能积极活动。"

3月12日，罗亦农等人与同志们告别之后，从莫斯科动身回国。

罗亦农与王凌汉、熊雄、佘立亚、李蔚农、马玉夫等一起，一路上风尘仆仆。在路上，罗亦农写信回中共旅莫支部，汇报了旅途的艰辛，同时也怀着革命乐观的精神表达了"革命党员应当有耐苦受苦的精神"，甘愿享受这种艰苦。3月29日下午，他们到达海参崴。

海参崴在历史上是人烟稀少的苦寒之地，位于绥芬河口海湾东岸，清时是满族居住地。1860年，沙俄占领后将海参崴改名为"符拉迪沃斯托克"，意为"控制东方"。海参崴被沙俄占领后，逐渐成为一个开放口岸，但主要的居民依然是华人。

1904 年西伯利亚大铁路修成后，俄国人才开始大量移民过来，对海参崴进行大规模开发。俄国十月革命后，海参崴逐步发展成为有数十万人口的海滨城市，并建成军港。海参崴的繁荣和发展很大程度上要归功于中国大量的廉价劳动力。西起车里雅宾斯克、东至海参崴长达 7000 公里的西伯利亚大铁路上活跃着 10 万华工。

4 年前，罗亦农进入莫斯科的时候曾来过海参崴。再次来到这里，海参崴的工人运动已经有了很大发展。他们在这里得到曾经的同学、革命的同志梁柏台和汪寿华的接待，一行人被安排住

梁柏台

进中国街 26 号。

梁柏台（1899—1935），浙江人。1920 年秋天进入上海外国语学社学习俄语，同年冬加入中国社会主义青年团。1921 年到海参崴编辑中文报纸。1922 年进入莫斯科东大学习，同年底加入中国共产党。1924 年被派往海参崴，在华工中开展工作。

汪寿华（1901—1927），原名何纪元，后来用过何今亮、何金亮等名字，浙江诸暨人。梁柏台和汪寿华曾与罗亦农一起在外国语学社学习，并先后参加了上海社会主义青年团。梁和汪一同入俄，跟罗亦农分批而行，走的陆路，但是在途经哈尔滨时被奉系军阀扣押。被释放后，他们经海道到达海参崴，却又赶上苏俄

汪寿华

国内叛军作乱，交通中断，他们没办法去莫斯科，就留在西伯利亚的伯力一带建立中国工人的组织，得到当地华工的拥护。1923年，汪寿华当选为赤塔远东职工会中国工人部主任，曾代表远东职工参加国际反帝同盟东方局会议。1924年，汪寿华又以工作勤奋被推选为海参崴职工苏维埃委员。为了帮助当地华工提高文化水平和政治觉悟，培养工运骨干，汪寿华在海参崴创办"五一俱乐部"开设补习学校。那时在远东干活的中国工人都知道"何今亮"的名字，个个都称道他为工人谋利益的崇高精神。

当天晚上，梁柏台和汪寿华就向罗亦农一行汇报了海参崴中国工人运动的情况，罗亦农了解到海参崴有组织的工人已经有6千余人。

受到中共海参崴支部工作的鼓舞，罗亦农第二天就写信给中共旅莫支部委员会和中国社会主义青年团旅莫支部执行委员会，希望加强海参崴的中国工人运动，一是"利用苏俄政权的势力把他们组织起来，能为中国内地工人运动的国外声援"，二是"不久在最近的将来，中国有一很大的事变发生，结果必代以反动时局，那时把我们赶出国外，海参崴在某一种条件之下就要成为某种工作的根据地或暂居地"。因此，"要莫斯科派两个稍知俄文，做事有能力又能教书的同志"前来党校任教，培训工人领导者。

在海参崴停留期间，罗亦农还抓紧时间对回国后同志们应持有的工作态度做了一番预备和安排，他先后召开两次会议，开展批评与自我批评，指出回国后要做一番宣传，以提起国内同志的精神，同时要求同志们回国后对各种工作不要乱加评价。

4月9日下午，罗亦农一行乘上轮船，向上海进发，至4月中旬终于回到上海。

羊城岁月显才干

LUO YINONG

工农同盟倡导者

罗亦农终于回到阔别近 4 年的祖国。轮船在上海靠岸，他住进了慕尔鸣路（今茂名路）的中共中央宣传部。

1925 年 1 月中共四大在上海召开，陈独秀任总书记兼中央组织部长，彭述之任中央宣传部主任，蔡和森、瞿秋白任中央宣传部委员，张国焘任中央农工部主任，这 5 人组成了中央局。罗亦农回国之后，即向中央报道，等待具体的工作分配。当时中共中央正在全力准备于 5 月 1 日在广州召开的全国第二次劳动大会。

1925 年春夏之交，随着全国革命形势的发展和工人运动的恢复，全国革命高潮即将到来。邓中夏在《中国职工运动简史》中指出："一九二五年上半年中国职工运动进到复兴期以后，从政治经济社会各方面观察，显然有许多征兆预示着革命高潮不可避免的快要到来。共产党当时的任务，无疑的首先需要扩展和巩固自己阶级的力量，因此召集全国第二次劳动大会成为再不可缓，遂决定于五月一日在广州召集。"

在上海经过短暂的整顿和准备之后，罗亦农即接受中央派遣，前往广州参加第二次劳动大会的筹备工作。

大会筹备处设在广州东皋大道农民讲习所内，刘少奇、苏兆征、邓中夏、林伟民、李启汉等人已经在着手联系各地代表，以及安排议程和食宿等问题。这些同志，大部分跟罗亦农是老相识，罗亦农在莫斯科的时候已经认识林伟民，这次，他又见到了久闻大名的苏兆征，对他们领导的海员运动深感钦佩。他们在动员香港、广州的工会团体参加大会等方面花去了很多精力，在深入接触这些具体的事务后，罗亦农更加了解国内工会组织的复杂性。为了扩大宣传，罗亦农在大会召开前后接连写了多篇报道和文章，他日夜奋战，找人谈话了解情况，搜集各种资料，仅传单一项就有 32 种之多。

4 月 26 日，罗亦农在中共中央机关报《向导》上发表《今年五一之国际状况》，列举大量事实有力地证明了"帝国主义愈加发达，帝国主义的矛盾愈加剧烈，革命运动的潮流也依然要愈加澎涨［膨胀］"，号召中国劳苦人民"表示你们的力量"，"加紧的组织团结"，准备着"担负推翻这帝国主义的历史使命罢"！

全国第二次劳动大会到会代表 277 人，代表全国 165 个工会，54 万多名有组织的工人。5 月 1 日，大会在广州如期召开，全国代表以及同日来广州参加全省农民代表大会的代表，偕同广州工人、农民和青年军人，约 10 万，举行了纪念国际劳动节的盛大游行。罗亦农与参加大会的其他负责人一道，走在游行队伍的最前列。

当晚，全国第二次劳动大会代表和广东全省农民代表大会在

全国第二次劳动大会现场

广东大学（今中山大学）礼堂举行了联席会议。出席大会的有全国劳动大会正式代表，广东全省农民代表，赤色职工国际、中共中央、国民党中央党部、青年军人联合会以及学生群体代表。罗亦农以农民国际代表的身份在会上发言。他以极大的热情，歌颂五一节，歌颂工农联合。代表一致通过《工农兵联合决议》，指出工人阶级的第一个同盟就是农民，无产阶级倘若不联合农民，革命便难成功。

第二天，罗亦农即发表了通讯《今年五一广州之两大盛举》，以醒目字体大写"十万以上之工农兵大示威""空前未有之工农代表联席会议"。盛赞工农联合，"要实际打倒资本主义，不能不有工农的联合，工农联合是革命成功和维持革命胜利的保障"。

5月3日，广东省农民协会成立大会胜利召开，罗亦农致开幕词。在开幕词中，他又就"工农联合"这一问题大声疾呼，同时提议广东省农协参加农民国际，这一提议被大会通过。

随后，1925年5月版的《中国工人》发表了署名"一农"的文章《"五一"纪念与农民》，论述了无论是在资本主义国家还是在像中国这样的殖民地半殖民地国家，无产阶级所面临的形势都更加严重，无产阶级的根本解放在"世界革命的成功，资本主义的消灭，共产主义社会的实现"。文章的后半段，论述了中国的农民要从重重压迫之下解放出来，就必须打倒帝国主义和军阀，谋求民族的独立。"农民因客观环境的限制，天然无独立完全之可能，他只有很忠实的辅助无产阶级，站在无产阶级指导之下，以扑灭他们的共同的敌人。""只有被压迫民众与全【世】界无产阶级联合起来，才是他们解放的生路！""总之，无产阶级要完成他历史的使命，是非拉拢农民群众不可；贫苦的农民群众要想解放自己，也只有很亲切的与劳动阶级联合起来。"为此，在文章最后，他大声疾呼："工农群众万岁！""被压迫民族解放万岁！"这疾风骤雨般的口号在广州的大街小巷持续高呼着。

5月9日，罗亦农又撰写了《中国第二次全国劳动大会之始末》，发表在《向导》第115期上，署名"亦农"，详细报道了这次大会的始末，成为研究中国工运史的重要文献。

全国第二次劳动大会期间，各地代表济济一堂，互相介绍了各地职工运动开展的情况以及经验教训。大会通过了30多个决议案，包括《工人阶级与政治斗争的决议案》《经济斗争的决议案》《工农联合的决议案》等，规定了中国工会在民族民主革命中的方针和组织原则。大会选举组成中华全国总工会执行委员会，并举行执委会第一次会议。中华全国总工会成为统一领导全国工会组织的领导机构。

中华全国总工会在广州的旧址

中国共产党给第二次劳动大会的信上指出：有了明确的政治观念，有集合的战斗力，在国民运动中能够给敌人以最后致命的打击者，只有工农联合的力量。邓中夏在《中国职工运动简史》中评价这次大会"开了中国职工运动史上最光荣的新纪录"。

驻粤斗军阀

1925年5月8日，中共中央决定成立中共广东临时委员会，指定谭平山、周恩来、罗亦农、陈延年、鲍罗廷为委员，代表中

中共广东区委旧址（今
广州东山区文明路）

央指导广东的实际工作。这个机构实际存在的时间并不长，但表明罗亦农的才干所得到的肯定。

此时，广州城内正发生一起大的叛乱。滇系军阀杨希闵同桂系军阀刘震寰，暗中勾结帝国主义和其他军阀，背叛广州国民政府，公开捕杀进步学生和工人。

杨希闵、刘震寰原为滇、桂地方军阀，曾经在1922年底那场驱逐陈炯明、迎接孙中山返回粤中的战斗中起了重要作用。1924年1月国民党一大上，杨希闵被选为中央执行委员，刘震寰被选为候补中央监察委员。令孙中山没有想到的是，杨、刘在进入广州之后，生活迅速腐化，部队毫无军纪，抢劫事件时有发生，人民饱受其苦。对孙中山的命令也开始阳奉阴违，孙中山大元帅府的号令在广州难以通行，而且他们霸占税收机关，使革命政府财政极度困难。在一次军事会议上，孙中山沉痛地对他们说：你们"自誓要实心拥护我，服从我的命令，实行我的主义，我更是感激你们，因此我才决意回来。谁知你们都是戴着我的帽子来糟蹋我的家乡"。

1925年2月，广东革命政府决定进行东征，以黄埔军校学生军和粤军为右路军，由军校校长蒋介石统领，周恩来担任政治部主任，作为东征的主力；滇军杨希闵部为左路军，桂军刘震寰部为中路军。但杨、刘按兵不动，暗中通敌叛变。

孙中山逝世之后，杨、刘开始了与外部军阀和帝国主义更加频繁的暗中联络。

1925年4月，趁着东征军主力与敌人激战之时，他们从前线窜回广州。5月初，杨潜赴香港与"北京密使"共谋颠覆革命政府。杨希闵将司令部设在广州市中心的八旗会馆，控制了铁路及通讯设备，总兵力有3万余人。之后，杨希闵自称"滇桂联军总司令"，宣布广州全城戒严。

在这种情势下，国民党领导人胡汉民、汪精卫等还幻想用

参加第一次东征的粤军第2师部分官兵

和平方式解决危机。杨希闵表面上向广东革命政府表示拥护之心，实际上不断与外部敌对势力勾结。面对杨、刘二人显露出的种种反革命的行动，中国共产党早就认清局势，中共广东区委召集会议，指明杨、刘二人此次的叛乱，其本质是帝国主义的勾结，图谋颠覆广东革命政府的反革命活动，因此，决不能与他们妥协，而应发动革命的力量肃清反动势力。陈延年代表广东区委，约见廖仲恺，分析了必诉诸武力的敌情，得到了廖仲恺的认同。

5月13日，廖仲恺到达汕头，与蒋介石等商议讨伐计划。会议决定由黄埔军校教导团和学生军组成讨伐主力，蒋介石任总指挥。5月21日，东路军回师广州。

与此同时，广东区委派罗亦农等人组成"革命委员会"，作为决策机构与杨、刘展开斗争。罗亦农通过深入细致的调查研究，于5月下旬写出了《形势严重下之广州政府》一文，以不可辩驳的事实，揭露了刘、杨的反动面目和反革命罪行，严正指责国民党右派公然与反动军阀勾结，图谋推翻广东革命政府、妄图消灭共产党的反革命行径。

随着蒋介石率领的东路军逼近广州，广州城内开始疏散。为了组织广大青年参加宣传发动工作，并以武力对付刘、杨的叛乱，共青团广东区委在罗亦农的指导下，成立临时政治宣传委员会。5月30日，委员会召开第一次会议，罗亦农代表中共广东区委作了题为《当前政局形势及我们应采取的态度》的报告，报告中除了阐述局势的严重性之外，还就如何向群众宣传，团结、组织民众等问题提出了一系列建议。罗亦农强调说："广州已形成内外反革命势力大联合，形势十分严重。我们的任务应侧重在广州为内应的反革命军阀……万万不可向他们妥协。"根据罗亦农的指示，会议作出了三项决定：

第一，下全体动员令；

第二，用共青团领导或主持的各公开群众团体，国民党区党部、区分部的名义发讨伐通电及宣言；

第三，成立演讲队，向群众做宣传。

通过紧张细致的组织工作，广州各界人民、各革命组织的力量很快地聚集在讨伐刘、杨的旗帜下。6月2日起，广九、广三、粤汉三条铁路线的工人开始举行罢工，拒绝为滇桂军队运送兵械，同时，3000多只民船和机动船的船工也宣布罢工，省农会也号召农民参战，城内随处可见反对反动军阀的传单和宣言书。

6月3日，代理大元帅胡汉民向杨、刘发出最后通牒，遭到拒绝。6日下午，革命军与叛军开始交战；6月11日，革命军发起总攻击。

1925 年 6 月 13 日，中共广东区委为平定杨希闵、刘震寰叛乱发表对时局的宣言

在中共领导和发动的广大工农群众的全力支持下，讨逆军终于于 6 月 13 日平定了杨、刘叛乱。至此，广州革命政府转危为安。

奔走省港大罢工

在应对杨、刘叛乱的同时，中共中央及广东区委还面临着一个突然爆发的问题，就是在 5 月 30 日，上海发生了震惊中外的五卅惨案。

上海是中国最大的工业城市，帝国主义经济侵略的重要据点。当时，日本人在上海开设的工厂仅纱厂就有 23 家，肆意虐待中国工人的种种暴行，早就在广大工人心中留下了仇恨与愤怒的种子。

1925 年二月罢工取得胜利，党领导的工会在工人中的威信迅速提高，根据邓中夏的《中国职工运动简史》记述：数日之内加入工会的工人，沪西小沙渡一带由 1000 人增加到 6000 人，沪东杨树浦一带增加到 3000 人。这引起了帝国主义的极端恐惧。至四五月间，日方资本家单方面撕毁二月罢工的复工协议，借机反攻倒算，并决定采取强硬态度拒绝承认工会组织，伙同工部局取缔一切工会活动。

由于日本资本家的无赖态度，纺织工人的生活一时无以为继。5 月 15 日，上海内外棉七厂工人顾正红带领工人冲进工厂要求复工和发放工资，却遭到日本大班开枪击中，10 多人受伤，顾正红身中四枪，伤重身亡。一瞬间，斗争的导火索被点燃。

5 月 30 日，上海各大、中学校学生 2000 多人在公共租界进行宣传、讲演和游行，抗议日商资本家镇压罢工、打死工人，声援工人，号召收回租界。上海租界当局出动英国巡捕，抓捕学生 100 余人。在群众要求租界巡捕房释放被捕学生的时候，英国巡捕突然开枪，打死 13 人，打伤数十人。

五卅惨案发生后举国震惊。惨案发生的当晚，中共中央立即召集会议，决定号召上海人民举行罢工、罢市、罢课，抗议英帝国主义的屠杀，紧接着，反帝风暴席卷全国。31 日，惨案的消息传至广州，民意沸腾。当晚，中共广东区委召开党团员大会，讨

五卅惨案发生前，聚集在上海南京路上的民众

论支援上海人民反帝斗争的问题，决定组织"临时委员会"，迅速发动广大群众，同时联络工农商学各界团体和中国青年军人联合会，共同发起声援上海人民的反帝斗争。当时，广州正在发生刘、杨军阀反叛，形势极为险峻，还不能实行全面罢工，故而决定先期召集一次示威的群众大会。

6月2日，在中共广东区委的具体策划和指导下，广州市工人代表会议、广东省农民协会、商民协会、学生联合会等团体在文明路广东大学操场召开了声援五卅运动大会，出席的群众达一万多人。中华全国总工会代表李启汉主持大会，罗亦农则代表广东区委在会上发表了演说，愤怒谴责日、英帝国主义的罪行，号召各界联合起来，抵制日货、英货，援助上海人民，做他们的坚强后盾。会后举行了示威游行，群众队伍沿途振臂高呼"打倒帝国主义""收回沙面租界"。

在群众大会进行的同时，中共广东区委开会讨论决定，要进一步发动省港两地人民，开展罢工、罢课、罢市斗争，将反帝运动推向高潮。会议还决定，以全国总工会的名义，派中华全国总工会党团书记邓中夏等人赴香港，发动罢工。

广州群众声援五卅运动

同时，广东革命政府对五卅惨案也旗帜鲜明地表明了自己的立场，国民党中央执行委员会通电全国，号召全国人民一致抗议，并要求"凡我党员，应一致努力援助国民，以与英国帝国主义相搏"。中共广东区委在过去的经验中认识到，组织发动这场罢工，靠自己单枪匹马是不能成功的，于是主动与国民党左派领导人廖仲恺联络，并取得广东革命政府对罢工斗争的支持。

经过一番细致的准备工作，罢工条件日渐成熟，广东区委召集会议讨论了总罢工的具体时间和组织工作，决定罢工仍然以广州为阵地，香港工人罢工后，及时撤回广州。为此，罢工工人回到广州的食宿及罢工经费成为一项重要的需要提前布置的工作。

经过罗亦农、陈延年等人实地考察，最终选定将广东东园作为省港罢工委员会的办公地点和安置工人的食宿地。此外，罗亦农还带着几名工人党员，前往广州西壕口一排还未启用的新房，找到合伙投资的开发商，晓以大义，借用了这排楼房。这才使得返回广州的工人的食宿得到了圆满解决。

6月19日，省港大罢工正式爆发，香港海员工会、电车工会、华洋排字工会、洋务工会等首先宣布罢工，接着，其他各工会纷纷响应，罢工人数达到25万，10多万工人在苏兆征等人的率领下回到广州。21日，广州沙面租界的3000多洋务工人宣布罢工，罢工后，工人纷纷离开沙面回到广州市区，随之，所有在英美法日企业做二的中国人一律罢工。

6月23日，广州的各界群众10万余人在东较场举行反帝大会，会后进行示威大游行。罗亦农等广东区委领导人走在队伍的最前面，率领示威群众沿途高呼"收回租界""废除不平等条约"等口号。下午2时许，游行前队抵达沙面租界对岸的沙基路，又过了半个小时，当岭南大学、圣心书院、黄埔军校等学生队伍行进到沙基时，路旁一家酒店里的一名外国人突然向游行队伍开枪，随后沙面租界的英法军队立即向沙基扫射，游行队伍躲避不及，当场有52人被击毙，170多人受重伤，轻伤者无数。这便是沙基惨案。

惨案发生之后，广东革命政府当即照会英、法、葡等国，提

省港大罢工

出强烈抗议，并宣布与英国经济绝交，同时封锁出海口。7月3日，中共广东区委组织香港、沙面罢工工人选举出省港罢工委员会，决心将斗争进行到底。

在中共广东区委的领导下，各界群众成功地对香港进行了封锁，香港成为一处"臭港""饿港""死港"。省港大罢工不仅有效地打击了英帝国主义的经济统治，还促进了国民革命的北伐进程。邓中夏在文章中指出：在这次北伐中，省港罢工工人不用说是积极地参加。他们……组织运输队、宣传队、卫生队，随师北

沙基惨案后的现场

伐……北伐军因得罢工工人这种帮助，出师异常迅速。

罗亦农回国的这短短一两个月，从参加全国第二次劳动大会，到具体领导讨伐叛军的宣传工作，再到实际参与支援五卅、发动省港大罢工的各项工作中，已经让他感受到了祖国革命的洪流。于是，他忍不住向中共旅莫支部、中国共产主义青年团旅莫支部汇报这一时期自己的所见所闻、所思所想，他在给陈乔年、刘伯坚、袁庆云、李求实的一封信中说：

> 因为与上海交通断绝的关系，不能多告诉你们中国中部和北方的情形。至于南方——广东，革命的空气异常浓厚，我们已在工农群众中公开本校（指中国共产党组织），现在我们缺乏的是作工作的人才。在目前客观的情况看来，就是回来百个同志来广州工作也不够。

革命下暗流涌动

1925 年 7 月 1 日，国民政府在广州成立。在革命形势迅速发展的同时，国民党内部由于代表的阶级利益不同，矛盾逐渐激烈。就在此时，一个不幸的事情发生了。

"号外！号外！廖仲恺先生被刺！"一时间大街小巷奔走相告，全国上下十分震惊。

1925 年 8 月 20 日，廖仲恺在参加国民党中央执行委员会途中遭暴徒暗杀。廖仲恺（1877—1925），原名恩煦，又名夷白，字仲恺，广东归善（今惠州市仲恺高新区）人，是著名国民党左派领导者，孙中山的主要助手之一，"联俄、联共、扶助农工"三大政策的忠实执行者和捍卫者。

关于廖仲恺的被暗杀，民国时期的重要报刊都第一时间做了详细报道。1925 年 8 月 21 日广州《民国日报》："国民政府委员财政部部长廖仲恺，于昨日甫至中央党部前门，即被凶人用枪轰击逝世。同行人廖夫人及监察委员陈秋霖。廖夫人不幸致伤，陈秋霖枪伤腹部右侧……"1925 年 8 月 22 日《申报》："廖仲恺于十九日在国民党总部门前下汽车之际，为五人枪击，即赴公共医院，于五分钟后死于途中，凶手为卫队所击，一死一伤，余三人逃脱……"

廖仲恺历来支持工农运动，与共产党人曾经在工作中密切合作，中共广东区委立即召集会议，对廖仲恺的被刺作了深入的分析，判断这是一次反革命势力对革命势力的挑衅。后来经过查明，暗杀确实是国民党右派势力干的。

8 月 26 日，中共广东区委和中华全国总工会动员和组织广州的各界群众，在广东大学操场举行深切哀悼廖仲恺大会。9 月 1 日，广州民众 20 多万人参加送殡仪式，行列之大，阶级之广泛，

中华民国国民政府成立时的合影，廖仲恺为财政部长（前排右二）

廖仲恺

在广州是空前绝后的。

罗亦农听到廖先生噩耗的时候，心中愤慨万分，久久不能平复。他由此看到了革命的艰难险阻绝不仅仅在于可以看到的敌人，更在于这些看不到甚至装着一副伪善面孔的敌人。罗亦农在充分调查研究之后，撰写《廖仲恺遇刺前后广州政局》一文，在中共中央机关刊物《向导》第130期上发表，痛斥了国民党右派、反动军阀、失意政客和香港当局，强调了肃清反革命的重要性，表达了他对廖仲恺的崇高敬意。

广州群众为廖仲恺送葬

文章对当时广州政局、廖仲恺被害原因等都作了详细分析。罗亦农认为，当时的广州革命政府，既受到各路反动军阀的依附，又处于军阀和帝国主义的恐吓之中，基础是不稳的。国民党中的革命分子如果能真正团结，有革命的决心，是可以大有作为的，但是他们却无法上下齐心，从而造成障碍重重的局面。

　　廖仲恺为什么被害？罗亦农认为的原因是：廖仲恺是军财两政统一、禁烟禁赌、改组军队的大力赞成者，凡是不利于右派反动军阀的国民政府的政策，他们都要反对。右派军阀与失意的官僚、无聊的政客、卖国的买办有着相同的利益诉求，再加上帝国主义的纵容指使，廖仲恺就难免一死了。

　　"国民党诸党员们！你们要更积极地前进，铁桶一般似的团结在革命旗帜之下，继续完成廖仲恺先生未尽之志！""广东的工农及全国的革命群众们！廖仲恺先生为国民革命、反对帝国主义和一切反动力量而死，你们应当更加愤慨，完成中国国民革命！维持国民政府！"在文章的最后，罗亦农发出坚定的号召。

　　虽然罗亦农在广州工作时间不长，与廖仲恺接触的机会有限，但却不妨碍他写出这样一篇观点独到、分析深入的重要文章，反映了中国共产党人深厚的理论功底和敏锐的政治洞察力，也从中折射出了中国共产党与国民党的深情厚谊。文章发表后，在当时引起了强烈反响。

LUO YINONG

在北京区委党校

1925 年金秋十月，罗亦农离开广州，参加了中共中央在北京召开的中共四届中央执委会第二次扩大会议。会议对于开办党校问题给予了高度重视，会上明确指出："群众的鼓动和宣传中一定要有一种鼓动和宣传的人才。所以开办各地党校确是一种重要的工作。"

"亦农，留下来帮我们办党校吧！"会后，在李大钊要求下，满怀革命热情的罗亦农毅然决然留在了北京。之所以选派罗亦农担任这个"最高党校"的校长，一方面是李大钊的极力推荐。前一年李大钊在莫斯科与罗亦农相处的几个月，让他对这个年轻人

1925 年冬天的北京

的能力怀有极大的信心。另一方面，中共中央也是经过深思熟虑的。罗亦农虽然归国不久，但是他表现出较好的马克思主义理论修养，优秀的语言能力，较高的学术水平，有组织领导学习团体、培养训练革命同志的丰富经验。聪敏能干、意志坚决、热情似火的罗亦农给党内其他同志留下了很深的印象，因此选择他来挑起举办北方局党校、培训革命干部的重担，实属最合适的选择。

很快，中共北京区委党校就秘密开学了。开学当天，李大钊发表重要演说："同志们，当前革命形势大好，所以努力学习革命的本领，以备结业后为党的事业作出贡献。"选派党校学员的条件是：有一定的工作能力、学习心切、有培养前途的党团员，来自北方区委所辖各地党团骨干。虽然学员选拔条件较为苛刻，但党校开办后异常火爆，第一期学员就来了近百人。李大钊、赵世炎、罗亦农主持了党校的工作，而罗亦农除了负责党校的组织管理工作，也亲自授课，主要讲授政治经济学常识、历史唯物主义、世界革命史。党校校址设在鼓楼北大街一条偏僻胡同里的一所四合院内，南屋正厅敞开的三间房为教室，东耳房一间为校长罗亦农的办公室兼宿舍，西耳房为文书室和图书室，东西厢房各三间为学员宿舍。党校对外公开名称是"北京职业补习学校"，并向北京市教育局申请了注册。

为避人耳目，上课地点经常变更，频繁时一周变更两三次。学员一般于白天听报告，到了晚上则需要自修和整理笔记。中共北方区委党校办校时间为 1925 年 10 月初至 12 月底，虽然只办了短短三个月，但却为全国培养了一批优秀的干部，收效颇丰。罗亦农作为中共北方区委党校的第一任校长，在主持党校和传播马克思主义理论的过程中，其较高的理论水准和杰出的组织才能给很多人留下了深刻的印象，他自己也在实践中得到了很好的锻炼。

入沪展新篇

此时党校工作已基本结束，"派罗亦农同学为区委书记"，中共上海区委发出《枢字通告第二十六号》，通告了中央的重大决定。

1925 年寒冬的上海，群众性的反帝反封建革命斗争转入低潮，党的组织遭到严重摧残，上海的上空笼罩着白色恐怖的阴云。北方区委党校工作一结束，罗亦农便简单收拾行装踏上了来沪的路途，毅然挑起中共上海区委书记的重担。

如何在严重白色恐怖的上海开展党的工作？如何将分散的工人阶级力量聚集起来开展运动？这对于年轻的罗亦农来说都是异常严峻的考验。"革命的暴风雨是不可能阻挡的。"冬天来了，春

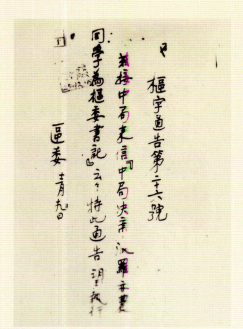

中共上海区委发布的
"罗亦农任书记"的通告

中共上海区委、中共江苏省委旧址恒丰里

天还会远吗？面对困难，他们决定从加强党的建设和骨干的培养入手，恢复工会组织，积聚革命力量，重拾斗争信心。

上海北四川路恒丰里 104 号一栋很不起眼的小楼，其实是当时中共上海区委机关所在地，这幢看似普通的房子地处华界，打开大门又可一步跨入租界。罗亦农利用这一优势，在这里召集党团组织及工会负责人秘密举办了多次培训班，以加强党的建设，培养骨干。秘密培训班一共办了 6 期，历时一个多月，每期学员学习一周，一周中集中学习两到三次，一般都是晚上或者下午学习。

在培训班上，"教授"罗亦农主讲马列主义及当时的国际形势等。他的讲课生动幽默，总是能用通俗的话语把深奥的道理讲述得简单易懂，好似春风化雨、沁人心脾，使人印象深刻，因而大家学得非常起劲。工人群众的阶级觉悟有了很大提高，党支部和工会组织的战斗力也大大加强了。罗亦农的讲课方法很快起到了良好的示范效应，很多同志开始进行类似的培训，骨干培训工作犹如长藤结瓜，栽下的秧苗很快便结出了累累硕果。

罗亦农还经常到各大学校去演讲，唤醒青年学生的革命之志。也就是在这个时候，罗亦农邂逅了他革命道路上的一份爱情。罗亦农与当时还是学生的诸友伦结婚，1926 年底，他们的儿

罗亦农撰写的《无产阶级政党之建设》

1926年，罗亦农与
妻子诸友伦

子罗西北就出生了。诸友伦随后去莫斯科留学，但是，在莫斯科因意外去世了。

罗亦农在课堂上讲课的同时，也不忘深入实际去了解情况。当他了解到商务印书馆工人存在骄傲自满情绪，不愿意继续斗争的情形后，便立即去到那里对工人作深入细致的思想工作："只有经济斗争的局部胜利，没有政治上的全局胜利，没有全体工人和劳苦大众政治地位的彻底解放，经济上的胜利也无法巩固。"当他了解到区委有些同志对于当前形势的好转产生自满，有的认为应该立即组织大规模罢工的想法，他予以耐心的劝诫。"目前压迫更甚，工人群众的革命意志消沉，罢工难以持久，为了保存实力，应该由工会联系厂主，为工人争取最大的利益，以便早日开工。"

在工作中，罗亦农还发现了上海区委组织存在着"书记包办一切"的严重组织问题，一旦书记出现问题，其他一切工作就必须停止。因此，他立即要求各部委书记积极培养本地人才，健全组织分工，以改善当前不合理的组织管理模式。

4月26日，中共上海区委召开联席会议，会议的主要议题是讨论工人运动的策略问题。在讨论革命战线的成员时，党内出现了比较大的分歧。很多人认为，工会和职员甚至高级工人都是靠不住的，不应该联合。"工头要是被反动派利用，是会破坏我们的工作的，要打倒他们！"很多人愤怒地高呼道。对此看法，罗亦农也予以了纠正:"对这些人应区别对待,不应该一竿子打翻一船人,对那些有开除、处罚工人之权的工头当然不应联合,但对管理权小、利益与工人相同不过稍高点的工头,确应联合。"罗亦农耐心的劝诫逐渐得到了同志们的认可。

在罗亦农和上海区委正确的方针政策的领导下,上海工人运动很快复苏和发展起来。工人阶级队伍经过重新整顿,将在今后的斗争中发挥至关重要的作用。

党群同心悼五卅

为激励上海工人阶级的斗争士气,罗亦农领导下的中共上海区委决定举行五卅运动周年纪念大会。一年前的5月,在中国共产党的领导下,上海爆发了一场以工人阶级为主体的反帝爱国运动。短短数十天内,20余万工人罢工,5万多学生罢课,绝大部分商人罢市。工人运动和各阶层人民的斗争紧密结合起来,有力地揭露了帝国主义的压迫和屠杀中国人民的罪行,打击了帝国主义在华的嚣张气焰,为中国共产党的成长和发展积累了丰富经验。

反动当局早就有所警觉,为了防止民众纪念一年前的五卅运动,他们早早便下达了任何团体不得集会游行的命令。针对这一情况,罗亦农制定了严密科学的应对措施。首先,他建议上海各团体各自发表宣言，这样即使有突发情况，也不至于都受到牵连；对于很多人提议的趁机扩大运动的提案，他从实际出发，尽力避免牺牲，保存实力："我们当前的实力还是不够的，如果牺牲太大，是会失掉群众的，对联合战线也是破坏，所以既要做大规模，也要提出和平口号，以小冲突为限。"

罗亦农还明确活动的具体方法："演讲的队伍以三到五人为一小队，分布到城市的各处进行演讲，如果遇到巡捕和平地阻止就继续演讲，若是强硬地干涉就离开，换一个地方接着演讲，当一个小队被干涉时，其他的小队不要一拥而上，只需要自己讲自己的，以免因人多手杂，发生不必要的误会而造成流血事件。"

于是，在罗亦农与中共上海区委的指导下，上海学生联合会、各马路商界总联合会、上海总工会等上海各革命团体为五卅运动周年纪念活动的筹备工作便有条不紊地暗暗开展起来。到了5月30日，上海公共体育场上人山人海，红旗飘扬，五卅运动周年纪念大会如期举行。

到会者群情激昂，商界代表先行到会，学界有全国学生总会、上海学生联合会，工界有上海总工会、印刷总工会、码头总工会、纱厂总工会等，以及国民党各级党部、各种社团及妇女团体等，共计400多个团体到会。大会在中共上海区委的领导下，井然有序。"体育场正门紧闭，到会各人均由方斜路大门出

五卅运动周年纪念大会召开时体育场中群众聚集的情形

五卅运动周年纪念大会召开时体育场中的主席台

入，门口设签名处，场左搭有凉棚，为招待处，场中搭指挥台，再前为祭台，满悬各团体挽联，中有花亭，悬有烈士遗像，工界居右，商学界居左，到会者均立旷场中，至十时许已无立足之地……总工会纠察队则在场之中央，维持会场秩序。"大会向全国人民宣告，五卅运动尚未结束。上海人民向五卅烈士宣誓，将"继续不断地从事奋斗，以至最后的胜利，收回租界，废除不平等条约及推翻帝国主义"。集会结束后，在罗亦农等人的指挥下，大家来到五卅惨案发生地南京路等处，举行了声势浩大的示威游行。一直到晚上 7 点左右，在租界巡警的武力威逼下，游行示威队伍才撤出租界。

五卅运动周年纪念大会是上海革命运动由消沉走向复苏的转折点，大涨工人志气。会后的几天，也就是 6 月 2 日，中共上海区委全体会议上，罗亦农作了《"五卅"周年纪念运动的经过及今后我们的工作》的报告，回顾了五卅运动周年纪念活动的筹备、召开及游行示威，分析了此次活动的成功经验及不足之处，最主要的是，罗亦农从"党的政治问题""党的组织问题""党的教育宣传问题""工人运动问题""学生运动""关于民校（即国民党）工作"六个方面阐述了今后工作的具体方向，提出了一系列指导意见。罗亦农在会上高呼："五卅后我们已经到了一个新时期，已到了很积极的时期……总之，我们今后：一、继续五卅精神；二、党的群众工作化。"

配合北伐谋起义

1926 年夏天的上海，百物腾贵，光大米的价格就从 1925 年的 13 元每石猛涨到 17 元每石，人民生活异常艰辛。同时五卅运动周年纪念的热潮引起了帝国主义和资本家的不安，他们联合起来加强对工人的压迫。在这样的形势下，罗亦农和上海区委正确领导、精心组织，发动工人罢工，要求增加工人工资，保障工人生活。一时间，上海掀起了一场声势浩大的经济罢工风潮，进入到一个工潮勃勃的新时期。

罢工潮起于允余丝厂，丝厂女工虽然之前未参加五卅运动，但是这次运动中她们却打了头阵，做了急先锋。丝厂女工的罢工带动了纱厂工人，接着，罢工斗争迅速从纺织行业向印刷、烟草、邮电、商店、金属、码头搬运及手工业中发展蔓延。

据《向导》杂志统计，1926 年 6 月至 8 月，上海共发生罢工 12 次，参加罢工的工人累计 20 万人次，波及工厂达 300 多家。罢工虽然是从经济问题入手，但也提出了享有参加工会和反对压迫的政治要求。广大工人在罢工风潮中提高了自身觉悟，上海总工会组织也更加严密和牢固，这些都与罗亦农和上海区委的领导息息相关。

1926 年 7 月 9 日，国民革命军在广州誓师，正式开始北伐

　　1926 年的夏秋之交，上海工运风生水起的同时，北伐战场捷报频传。一直关注着北伐战争发展的中国共产党把上海地区的政治变化和北伐战争联系在一起，从各方面开展活动。中共中央军委命令中共上海区委制定对付军阀孙传芳的计划，迎接北伐军的到来。中共上海区委接到中央指令后，火速成立上海军事委员会。

　　此时主政上海的是军阀孙传芳，与张作霖、吴佩孚并称北洋三大军阀，早年留学日本，加入中国同盟会，1909 年回国参加北洋陆军，1925 年起兵驱逐了苏皖等地的奉系军阀，成立浙、闽、苏、皖、赣五省联军，任五省联军总司令。

8月3日，罗亦农主持的区委会议，传达了党中央对于孙传芳的态度。"我们要在政治上反孙！"他指出，无论是在宣传上还是在行动上都要反孙，行动主要是指军事行动。"要通过国民党浙江、江苏省党部联络反孙力量，并在国民党市党部组织军委，调查孙军的状况及其弱点，加紧攻击孙传芳。"9月3日，在上海区委主席团会议上，罗亦农提出，全上海的工作"应赶快提出人民自治的口号"，应广泛动员群众，联络各界，造成反孙新局面。同时还提出，"要特别注意军事工作"，"上海地方非有一次民众暴动不可"。

上海区委的准备是多方面的。首先，发动暴动，队伍是关键。接下来，上海军事委员会也为此制定了妥善的方案，他们以基层为单位，逐步落实工人纠察队的建设。很快，2000多人的工人纠察队成立起来了。队伍建立起来了，提升队伍战斗力也至关重要，因此，罗亦农等人积极在工人队伍中挖掘一批具有枪械知识或者已经打入保卫团的同志为教官，选择秘密据点进行武装训练，每个基层单位还能领到一把手枪作为教具。当时复兴中路华冠里就有这样一个据点，训练对象主要为法商电车电灯自来水公司（简称"法电"）纠察队员，罗亦农是这个据点的主要联络人。

因为长期忙于工作，罗亦农常常深夜还穿梭在上海的街头巷尾。"什么，罗总指挥找不到啦？"一天深夜，罗亦农的亲密战友赵世炎接到工人报告，称罗亦农已经失踪很久。赵世炎担心罗亦农被敌人抓去，焦急万分，赶紧召集工友四处寻找。正当大家焦急万分之时，一位工友在楼梯口看到了罗亦农。此时的罗亦农正和衣躺在地上，睡得正酣。罗亦农日夜操劳党的事业，一直在外奔走，甚至连吃饭和睡觉的时间都腾不出来，这天他在一个工人纠察队训练点视察时，实在是疲劳过度，便趁着工作的间隙随便找了块空地睡了下去。

做好战斗准备，光靠工人阶级自身力量是不够的。全国当时的政治环境下，工人的组织和战斗力还不强，还不能够猛进到资产阶级面前，不宜单独行动，因此还需要做好各界人士的统战工作。尤其是上海民族资产阶级上层代表人物、上海总商会会长虞洽卿和国民党中央驻沪军事特派员钮永建，具有很强的两面性，极有可能为发动暴动提供帮助，因而需要重点争取。

但党内很多同志对此持反对意见，认为工人阶级联合起来就行。针对上述观点，罗亦农做了耐心的纠正，他解释道："总商会上层人物中有不少是爱国分子，必须把这批力量争取过来，团结在反帝反军阀的战线上，去反对我们共同的敌人。联合商界应当着眼于它的基本群众，关键是店员和小商贩，这些人数量很多，是受压迫的，是劳动群众的一部分。还有一些天天在受欺压的中小老板，他们对军阀、帝国主义怀有强烈的不满。至于那些大老板，资金雄厚，权势大，是难于和我们同心的，能不能争取，要看情况。更要发动店员，中小商人，从内部给他们施加压力。"经过罗亦农的层层剖析，上海区委内部基本统一了认识。

"要特别做农运，且要出版报纸。"罗亦农在区委会议上率先提出了团结农民的问题，这也反映了罗亦农是党内较早认识到农民阶级的力量并关注农民运动和农民发展的党的领导者之一。"总之，今后工作的焦点便是宣传北伐胜利，提高革命情绪；积极反英运动；市民运动这三个方面。"罗亦农给予言简意赅的总结。

重视外部力量团结的同时，罗亦农不忘党的内部整顿。他建议，要发扬艰苦朴素的精神，节省活动经费，减少没有必要的开支；要调整党内人员结构，把有能力的人放在合适的位置上，不符合要求的人要坚决清理出队伍。

为了给未来的革命事业培养更多的人才，他还亲自选派一批人去莫斯科中山大学学习，其中包括周湘、秦邦宪、顾学毅等。"现在东方、欧洲都采用列宁理论，我们赴莫就是学列宁理论……诸多同志很多缺乏列宁理论，这次是好机会，不要错过……要时时刻刻用功，时时刻刻留心革命的时机。"临行前，罗亦农结合自身在莫斯科学习生活的经验勉励即将出国的游子，希望他们努力学习，争取早日回国担起国内革命的重任。

武装起义建大功

LUO YINONG

起义时机待成熟

在上海区委积极准备的时候，传来孙传芳在江西战场失利的消息。与此同时，孙传芳的后方，号称"土皇帝"的浙江省省长夏超趁机闹独立。一时间直系军阀内部分崩离析。

"夏超有独立之说，如果是这样，上海将会有很大影响。"罗亦农在一次上海区委部委书记会上说道。果不其然，10 月 16 日，夏超正式接受国民革命军第 18 军军长职位，宣布独立。夏超召回了驻外的浙军，带领部队到达嘉兴、嘉善一带，拆毁其中一段铁路，以隔绝孙军与其主力的联系，阻止孙军回师。国民党中央驻沪军事特派员钮永建立刻和夏超取得了秘密联系，他们准备里应外合，占领沪杭一线。

关键时刻，罗亦农召开临时会议，他说道："现在浙既表面联合政府，我们最重要的为：市政府组织问题；暴动问题；自己准备问题。"他还特意强调："不能用国民党来号召，名称上要用上海市民和平维持会，进一步实现会议。"有力地反驳了党内其他同志要求国民党出面，由上海和平维持会掌握政权的主张。这次会议标志着上海工人第一次武装起义进入具体准备阶段。

会后，罗亦农同区委同志研究后发出《上海自治市的运动计划》，这成为上海工人第一次武装起义的纲领性文件。《计划》

规定："暴动的目的是实现一个相当意义的资产阶级式自治市政府"，《计划》还强调：对资产阶级要"推动"他们"一步一步向前进"，而不是机械地跟着他们走，抛弃真正为市民利益和民族斗争这个根本的独立纲领。

这时，孙传芳大部分军队还在江西前线，留在上海驻守的，只有步兵1000名，警察2000名，内河军舰两艘，其中一艘军舰是站在革命方面的。钮永建派人与我方联络，要求合作，发动工人纠察队立即举行武装起义。当时，尽管时间紧迫，又缺乏必要的准备，但罗亦农等认为，只要夏超的部队向上海进兵，驻沪的军阀部队力量薄弱，后方空虚，不触即溃，正是发动武装起义的良机。于是，上海区委方面同意与钮永建合作，一起发动起义。双方约定10月24日拂晓前开始行动，以炮声为信号，信号由钮永建发。开始行动后，计划分南市、闸北两路向敌军警机关进攻。南市一路攻取高昌庙江南制造局，以钮永建部为主力，由工人纠察队配合；闸北一路主要攻取北火车站，由工人纠察队负责。其他各区由工人纠察队分头进攻警察署所。

10月19日，上海区委又对行动计划进行了具体研究，讨论了暴动的准备问题，会议给罗亦农的主要任务为秘密接洽。次日，上海区委又发布《告上海市民书》，号召市民武装起来，驱逐孙传芳，组织市民政府。上海总工会大量印发传单，宣传孙传芳的 10 大罪状，宣传一切工会公开出来，工人要自由，传唱《倒孙（传芳）拒张（宗昌）歌》。

然而，狡黠的孙传芳此时正在明修栈道，暗度陈仓。夏超宣

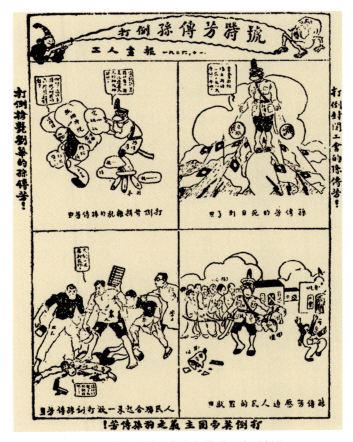

第一次武装起义前后上海总工会印行的《工人画报》

布独立的时候，孙传芳正忙于江西战事，他一面假惺惺地同意浙军回浙的条件，作为缓兵之计，暗地里急调两个旅的兵力开赴龙华、松江。孙军布置就绪后，突于20日进攻嘉善，21日进攻嘉兴。夏超的部队主要是警备队，缺乏作战经验，一触即溃。22日，夏超独立失败，孙传芳恢复了对浙江的有效控制。23日，孙军开进杭州，继续追击夏超残部，夏超本人在溃逃时中弹毙命。于是，浙江"自治独立"这一幕就这样昙花一现地结束了。

起义日期迫近，工人纠察队进行着紧张的准备。因为枪支数量太少，2000多名工人纠察队员便准备好了斧头、铁尺、螺丝钳以及自制的土炸弹等作为武器，他们个个摩拳擦掌、跃跃欲试，准备与敌人来一场酣畅淋漓的战斗，完全不知道夏超独立活动已经失败的消息。之所以消息会被封锁，一来是因为当时落后的交通通信条件，二来是国民党右派分子钮永建此时充分暴露了他两面派的本质，虽然表面上答应与中共上海区委合作，但当他得知夏超失败的消息后，竟然悠然高卧于法租界公馆内只求自保、按兵不动。

直到决定发动起义的前一天，上海区委才获知夏超失败的重要信息，同时获悉九江已被北伐军克复（实际是11月5日），而且与驻沪的海军取得了联络。面对变化的革命局势，短暂的时间没有让上海区委拿出新的作战策略，罗亦农等人商议后，依然决定按照原定计划与钮永建联合发动起义，双方分别行动。

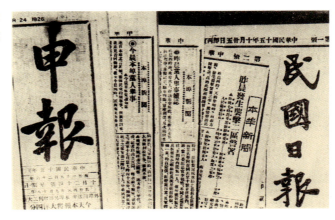

《申报》《民国日报》关于第一次武装起义的报道

　　10 月 23 日的傍晚，趁着落日的余晖，上海区委下达了起义命令。按照部署，工人纠察队和自卫团在指定地点集合待命，等待黄浦江上军舰的发炮号令。时间一分一秒地过去，天也已经全黑了，工人纠察队员和自卫队员都屏住呼吸，静静地等待。然而，直到天空渐渐出现了鱼肚白，眼见着到了 24 日的早晨，起义的炮声始终没有响起。

　　不能再等了！队员们按捺不住焦急的心情，没等到上级命令的下达，他们便冲出去与警察、巡防队发生了正面的冲突，在靠近法租界的南市斜桥、大木桥、日晖港一带，还发生了小规模的战斗。孙传芳听闻上海工人的武装起义，立即调兵镇压。由于敌众我寡，又没有统一的行动，上海工人第一次武装起义失败了。

二次起义幕前曲

第一次武装起义失败的教训是惨痛的，100多位工人被捕，上海工人阶级的优秀领导者陶静轩、奚佐尧等10多名同志不幸牺牲，为此，起义的总指挥罗亦农痛心疾首。

"此次所有错误，根本是幼稚！"罗亦农悲恸而又自责地感叹。痛定思痛之后，罗亦农调整好情绪，先后发表一系列文章，总结失败的经验教训：

第一，没有抓住发动起义的最佳时机。北伐战场虽然取得较大胜利，但主战场实际还是在江西、江浙一带，军阀势力依然强大。夏超独立后的几天，孙传芳的兵力尚未调齐，上海防务空虚，此时发动起义的时机是最合适的，但却错过了。等到夏超兵败的消息传开再起义，士气受到了打击，民众气焰低落，此时发动起义，只不过是预料的失败之后的一次军事投机，即便成功也是侥幸。

第二，过于依赖资产阶级。过分强调资产阶级"利用我们的帮助以取得他们的政治地位，我们亦用他的号召力发展我们的势力"，反而失掉了独立的地位。事实证明，资产阶级是有软弱性和妥协性的。起义当日，钮永建虽然派了武装分子从徐家汇往高昌庙兵工厂进发，但是被警方发现后马上一哄而散，表演了一场

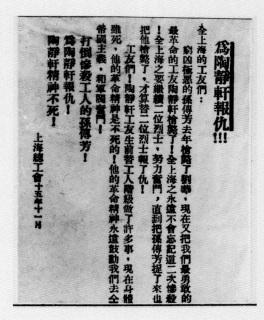

陶静轩牺牲后上海总工会散发的传单

為陶靜軒報仇!!!

全上海的工友們：

窮凶極惡的孫傳芳去年槍斃了劉華，現在又把我們最勇敢的最革命的工友陶靜軒槍斃了！全上海之要繼續二位烈士，努力奮鬥，直到把孫傳芳捉了來也把他槍斃了，才算替二位烈士報了仇。

工友們！陶靜軒工友生前替工人階級做了許多事，現在身體雖死，他的革命精神是不死的！他的革命精神永遠鼓動我們去全帝國主義，和軍閥奮鬥！

打倒慘殺工人的孫傳芳！

為陶靜軒報仇！

陶靜軒精神不死！

上海總工會十五年十一月

1926 年 10 月《申报》刊载军阀杀害奚佐尧的报道

武装行动的闹剧。戴怡卿的保卫团，甚至没有参加起义。

第三，上海区委组织的别动队、纠察队等，虽然斗志昂扬，但武器装备奇缺，很多人接受训练的时间较短，甚至都不会使用枪械，人数虽然不多但是纪律性不强，起义发动之时，呈现出一副乱糟糟的状态，毫无战斗力。"第一天下午五时，我们下动员令，结果是大笑话。当初我们三百五十人，钮为一千余人，结果我们只有二百人，钮等不过百余，共为四百，此四百人又毫无武力，在徐家汇等处一闻枪声，马上就跑。工人方面差不多未曾动过，只有在西门的游民阶级是我们所接洽的，尚动了一下。"罗亦农说。

上海第一次工人武装起义，实际上并未真正发动起来，但是却让罗亦农获得了宝贵的经验，更加清晰地认识到革命的方向及方法。他没有因此而退缩或者消沉，反而以辩证客观的视角来审视这次失败的意义："本来在上海我们的力量太幼稚，革命运动当然不容易，失败是不算什么的。……（起义失败的）教训，每个同志都要深刻了解，才有成功的希望。"

第一次武装起义失败后，罗亦农曾指出："上海第二次起义当会不出两个星期。"虽然后来的事实证实没有他预计的那么快，但是上海区委的准备工作却是一直在紧锣密鼓进行中，丝毫没有放松。

1926 年 11 月 5 日，北伐军攻克江西重镇九江。消息传来，中共上海区委第二天立即召开会议，研究发动第二次武装起义的问题。会议连续开了三次，从上午 9 点持续到了夜里 11 点。会上各种观点相互碰撞，讨论激烈。"上海的问题，仍是一个江、浙问题，我同意北伐军必取江、浙，所以要特别注重浙江与江北的军事发动，且江北须使先动，沪、宁一带土匪都可使动。"罗亦农在会上观点鲜明地阐述了自己的看法，并且报告了区委的策略：指导思想依照上次市民自决的口号，惟工人须处主动地位。关于指挥的任务分工，在会上也做了规定：罗亦农负责军事，赵世炎负责党的工作，李震瀛负责工会工作，汪寿华负责外交，另外还设立了具体负责指挥起义的机构，由罗亦农负责总体工作。

　　几天后，北伐战场又传来新的利好消息，北伐军相继进入南昌，孙传芳仓皇逃回南京，他在江西方面的势力已损失殆尽，由此打开了北伐军向长江中下游进军的大门。为此，上海区委发出第 86 号通告，明确指出"要首先做数天公开的广大宣传工作，把群众鼓动起来，造成一个全上海大骚动的局面，最后乃用广大的群众示威方法，使暴动发生，求实现上海市民自治的市政府，完全以比较左倾的资产阶级出来掌握政权"。从这一段的讨论和安排中不难看出，上海区委关于无产阶级政党在起义作用中的认识加强了，对于起义的形式，主张先进行广泛的群众宣传活动，把群众都鼓动起来后，宣布总同盟罢工，由罢工转为起义，创造一个上海的巴黎公社。

在 11 月 12 日的上海区委活动分子会议上，罗亦农和赵世炎共同报告了东南军政形势、上海自治运动及暴动问题，再次强调了要以北伐军东下和资产阶级的发动为暴动的条件，而民众准备充分，则以非武装夺取的形式，开展和平的自治运动。11 月下旬开始，中共上海区委遵照中共中央指示，决定趁着群众高涨的热情举行一场和平的自治运动，在条件成熟的情况下，用非武装起义的形式建立上海市民自治政府。

刚逃回南京的孙传芳惊魂未定，思索再三决定向奉鲁联军求援，此举引起了上海及江浙各阶层人民的强烈不满，尤其是民族资产阶级和小资产阶级，他们为了免遭军阀蹂躏，强烈要求开展自治运动。于是，他们以新苏工会、全浙工会、全皖工会为基础，成立了苏浙皖三省联合会。苏浙皖三省自治的基地在上海，必然推动上海的自治运动。11 月 28 日下午，上海总工会、上海学生联合会、南京路商界联合会等团体 5 万多人相约南市西门公共体育场召开市民大会，大会呼吁反对奉鲁军南下，反对使用军用票，要求实行自治。这次市民大会的人数之多、声势之大也是大大出乎了罗亦农他们的预料。在市民自治运动的浪潮中，被查封了 5 个月之久的上海市总工会于 11 月 30 日再次启封。启封后的上海总工会将闸北东横浜路景云里14号作为临时办公处，并要求所属工会于5日内一律公开会所，从事公开办公。于是，各工厂、商店的工会组织纷纷热烈响应，公开开展活动。

12月6日，上海市民公会召开成立大会。罗亦农在会上郑重地指出："特别市市民公会，关系全上海自治运动，非常重要，且该会团体复杂，我们非有严密的党团组织不可。"大会对组织问题、市民公会总的策略问题开展了讨论，并通过了简章。

然而，刚刚启封不久的上海总工会再次遭到上海戒严司令部

武装起义的司令部——上海总工会

和警察厅的查封，敌我矛盾激烈尖锐。为避免军警动武，伤害各界群众，上海市民公会将原定于 12 日召开的市民大会改为团体代表会议。300 余名各团体代表出席了会议。

12 月 18 日，罗亦农在区委活动分子大会上作了《最近政治党务的概况及今后上海工作进行之方针》的报告。报告对于全国的政治军事现状、中国革命运动发展之危机及其矛盾性、上海革命运动之现状、上海党务现状及其优劣点及今后工作的方针都作了详细科学的分析。"总之，现在上海的政治局面，已入于民众革命运动高涨的最严重时期。我们党的工作，应特别加紧，竭尽全力来吸收广大的群众，要做到能够完全领导群众的地位。"这充分体现了罗亦农是较早地将马克思列宁主义同中国实际相结合，对中国革命在理论和实践进行了有益的探索的党内早期领导人之一。他认识到不能过高估计资产阶级的力量，而是要依靠无产阶级和广大群众的力量去发动革命，为今后中国共产党独立领导武装起义提供了宝贵的经验。

12 月 26 日，孙传芳发布通告，取消上海自治运动，取消"非法团体"，对破坏"安宁"的人实行军法处置，并缉拿蔡元培等 70 余人，市民公会会所被法捕房封闭，上海的报纸也遭到取缔。从此上海市民公会被迫转入地下斗争。

为了上海工作的安全，罗亦农指示上海的各机关、负责人都要特别秘密，开会时尽量分两批人进行，这样人员少、安全性高，万一出现问题，也不至于被敌人一网打尽。这也充分显示了罗亦农与敌人周旋的丰富经验。

匆忙的二次起义

1926 年 12 月，国民党中央执行委员和国民政府委员纷纷到达武汉，国民政府由广州迁都武汉。1927 年新年伊始，北伐军的逼近让上海的气氛日渐紧张。

元旦这天，罗亦农在部委书记会议上作了《政治与党务现状》的报告，说"只有共产党能负领导中国革命的责任"。他在报告中再次表达了对中国共产党和中国革命前途的信心。会后，他在安排好上海区委工作的同时，马不停蹄地去往宁波检查工作，对宁波的工作予以指导。1 月 30 日，中共上海区委发布了关于武装工人与纠察队问题的通告，再次强调了武装工人问题的必要性。

2 月 2 日，北伐军占领金华。上海区委根据陈独秀的提议进行了改选，罗亦农被任命为政治及农民问题委员会主任，同时兼任提案委员会委员。罗亦农指出："蒋一来，必联合左、右派资产阶级等一致反赤……我们要拉住民主主义的知识分子及左派资产阶级，不致使工人孤立……上海工人阶级要与左派资产阶级联合，准备广大的武装暴动，乘北伐军将来时，赶走李宝章等，占得将来地位。"罗亦农与蒋介石相识于莫斯科，在历次的革命变动中，看到了蒋介石力量的壮大以及革命道路的转变，他是党内较早清晰认识到蒋介石反革命倾向的领导者之一。

2月11日至15日，对于上海区委来说是有着重要意义的。中共上海区委在这几天内召开了一次代表大会，为上海工人接下来的武装起义制定了工作路线。罗亦农在会上作了重要讲话："我们已经到了历史上的严重时期，即革命向右衰落与革命向左发展决定时期，本党应当领导江浙两省的工农阶级，特别是上海的工人阶级争得革命的领导地位，努力于工农与小资产阶级的民主独裁制及工人与被压迫市民的民主独裁制的政治口号之实现。""打倒土豪劣绅！反对贪官污吏！"他在报告中高呼，表达了他渴望与敌人大干一场的昂扬斗志和坚定信心。

中共中央在15日召开了紧急会议，决定让上海工人在北伐军到达松江时开展罢工并发动武装起义。罗亦农等立即讨论了中共中央的决议，并决定采取先罢工后起义的方式。但是起义的口号必须改变，国民党左派这次不是主体，而是过来帮忙的，最终要以武装起义的方式夺取上海市政权，成立自治政府。

几天后，上海总工会召开全市工人代表大会，向与会的500名代表传达中共上海区委准备武装起义的决定。"北伐军已经占领杭州，前锋已到达嘉兴了！"会议期间，一位工人突然带来了这样的消息。嘉兴距离上海仅60公里，一时间群情振奋，大家都异口同声地表示愿意举行总罢工，策应北伐军。"那就在明日起举行全市总同盟罢工，援助北伐军，打倒孙传芳，夺取上海。"由于晚间戒严，区委领导人之一的赵世炎事后才设法将这一决定转达给了罗亦农。

2月的凌晨，天刚蒙蒙亮，朔风刺骨，春寒料峭。上海总工会向全市工友下达了总同盟罢工令："令到之时，立即行动！"繁华热闹的上海顷刻变了样，黄浦江上轮船的汽笛不再吼叫，电车静静地卧在马路上，工厂的烟囱停止了冒烟，邮局关了门，百货商场停了业，平日里熙熙攘攘的南京路显得格外萧条，只有几个穿着制服的警察和外国巡捕打着寒噤来回踟蹰。

面对总同盟罢工的浩大声势，反动军阀由恐惧、恼怒而变得疯狂。上海防守司令部联合公共租界工部局宣布对罢工者"格杀勿论"，开始实行白色恐怖。租界、华界军警密布，还有随处可见的背着大刀的小股军队，他们任意搜查行人，实行反革命镇压。然而，反动军阀的疯狂镇压没有吓倒上海的工人，他们以加倍的仇恨，随时准备迎接新的战斗。

上海总同盟罢工如火如荼地进行着，另一边，中共中央经过一天半的讨论，决定将总同盟罢工转为武装起义。罗亦农接到中

1927年2月，上海市民举行第二次武装起义，工人、学生和其他群众在老西门一带与军警对峙

央通知后，迅速下发中共上海区委《特别通讯》一号令，指出"目前我们唯一的重大责任，在于指示上海的市民及工人阶级创造民主的革命的市政府，只有这个革命的政府实现，才能解决上海市民的一切压迫。这一个革命政府之实现，是要人民共同的血战出来的"。

22日中午12时，上海市民临时革命委员会正式成立。11名委员中，罗亦农是中国共产党的代表。下午 4 时，上海区委发出《特别紧急通告》，通告称"今晚六时，全上海动员暴动，在暴动时及暴动后，须热烈地在群众中宣传，拥护此上海市民临时革命政府"。上海区委制定此次武装起义的计划是：由海军起义士兵控制北洋军阀海军舰队中建康、建威两舰的指挥权，然后于午夜 12 点向浦西开炮，作为起义的信号。

本来这一计划是可行的，起义成功也有一定的把握，然而始料未及的是，行动前两舰配合起义的计划被泄了密。时间非常紧急，舰内的同志也来不及通知各区的起义工人，无奈之下，他们提前打响了起义的炮声。如此一来，起义的计划便被全盘打乱了。此时虽然正值严冬，许多工人依然彻夜未眠地严阵以待。但由于情况不明，炮声响起后也没有进一步的指示，工人纠察队和大部分群众坚持到黎明后只得散去，只有小部分工人与军警发生了零星的战斗。

为避免孤立，造成不必要的损失，中共中央和上海区委举行联席会议，决定停止暴动，"保持我之实力而取退守政策"。罗亦农当机立断，上海总工会根据这一指示，下令复工。上海第二次工人武装起义虽然失败了，但是相比第一次武装起义仍然算是取得了重大进展。从总同盟罢工到武装起义的整个过程中，共产党掌握了主要的领导权，革命委员会虽然因起义失败而未正式行使职权，但罗亦农以共产党员身份公开在市民委员会中占得一席，也是全国从来未有之创举。

面对两次武装起义失败的现实，罗亦农即刻对上一阶段工作进行了总结并对下一阶段的工作安排部署。"在内部的表现，有弱点和缺点，弱点是未将政策宣传群众；一切技术工作非常薄弱。优点是这许多工人罢工表示有力，党为这次中心，足见有力量。"罗亦农言简意赅地概括出了这次起义的优劣势。同时他也肯定了此次暴动的重要意义："这次的运动，是上次运动的继续，是上海工人阶级领导民众革命的一种更坚决、不投机的有力的表现，与五卅运动工人阶级领导民众反抗帝国主义有同样重要意义。"

准备更大的斗争

北伐的战歌正在浦江两岸声声传唱、久久回荡。北伐军占领浙江后又集中全力向安徽进军，孙传芳已全面崩溃，军阀统治处于风雨飘摇之中。另一方面，随着北伐军深入江浙地区，以蒋介石为首的国民党右派势力，在革命阵营内抓紧制造分裂和摩擦，迫害革命人士，革命阵营内出现了严重的危机。

第二次武装起义失败后，上海总工会曾声称："非因退让而复工，乃为准备更大的斗争而复工。"然而，对于上海工人是否应该举行第三次武装暴动，中央领导人中存在着明显的意见分歧。有的人认为，北伐军一路旗开得胜，解放上海无须靠工人阶级，只需静静等待北伐军到来即可，他们甚至认为有了工人武装反而会刺激到帝国主义，从而破坏革命的统一战线。罗亦农据理力争，他列举事实证明工人武装虽然力量弱小，但是觉悟高、斗志昂，加上革命形势有利，又有上两次起义的经验教训可以借鉴，因此起义是有把握成功的。最终，中共中央和上海区委联席会议决定准备第三次武装起义，并决定成立以中共中央军委书记周恩来为首的特别委员会，作为起义的最高决策机关。罗亦农被周恩来点名为特委委员。

在接下来的不到一个月的时间内，罗亦农每天需要出席各种会议，短短 20 来天，仅特委就先后开过 31 次会议，有时一天就开会两到三次，他和区委的其他同志及时交流新情况，研究新问题，不断对变化的情况适时作出相应的对策。

自 3 月 5 日起，特委成员每日 7 时、12 时碰头，并决定情况紧急时，陈独秀、周恩来、罗亦农、赵世炎、汪寿华必须到场，以确保指挥中枢决策的集中和有效。

3 月 12 日，在区委临时市民代表会议党团会上，罗亦农指出："所谓市民会议，它不同于英美式的资产阶级会和日本式的旧半封建半资产阶级会，它以职业选举，不是按区域选举；行政

1927 年 3 月中共
上海区委联席会
议的会议记录

与立法合一；代表与民众直接发生关系，不能脱离群众。"同日，
会议推举罗亦农等 31 人为临时执行委员，宣布受国民政府之节
制，建设民选政庥。3 月 15 日，罗亦农在活动分子大会上做报告，
分析了革命的现状、前途以及具体开展的工作等问题，他呼吁：
"我们党要积极取得民众革命领导的地位，领导工农阶级与小资
产阶级，很坚决的、很能与右倾的军事势力、改良的资产阶级决
斗，直接取得民众政权，实现革命的民主独裁制；同时要更加严

密我们党的组织，扩大我们党的力量，以接受这正在蓬勃发展的革命高潮，希望在很迅速的时期中完成我们党的重大使命。同志们，其各努力！"

除了每天出席各种会议、分析形势、商议对策、联络各方人员、加紧队伍训练和筹集武器等，准备工作也是罗亦农每天奔走忙碌的重点。面对当时敌强我弱的形势，加上国民党右派对革命的诋毁，有一些群众对革命的信心产生了动摇。罗亦农等人力辟各种动摇人心的议论，不厌其烦地去做工人的思想动员工作，不断唤起他们昂扬的斗志，准备投入新的战斗。同时，特委会还加强了文字方面的宣传，办了《平民日报》《上总通讯》，用于服务各阶层群众，及时传播军事、政治消息。

第三次武装起义准备工作，采取的是既联合又斗争的方针，极力排除国民党钮永建的干扰，加强与国民党左派杨杏佛等人的联系。在罗亦农的反复商谈下，获得左派对起义的支持。

特委还对各区、各产业工会的组织进行了整顿。首先，努力恢复与整顿原有的组织机构，改变了第二次武装起义失败后，各领导机构中人员思想混乱，甚至有的组织活动陷于停顿的状况。其次，努力发展共产党员，短短的 10 天，党员人数就增加了 500 余人。第三，特委改组了上海区委，成立由罗亦农、赵世炎、汪寿华等 8 人组成的主席团。出于战斗需要，根据上海工人集中的情况和武装起义时进攻目标所在位置及交通情况等，把上海划分为若干个区，每个区设立部委，也就是区委，进行领导。

当然，最繁重的工作还是训练人员和筹集武器，为了保证工作的时效，罗亦农亲自选拔具有军事知识的党员到各区训练工人武装。为了不被敌人发现，训练的地点经过严格挑选，具有很强的隐蔽性。比如商务印书馆的工人纠察队，就常常在夜间到铁工部翻砂车间，进行实弹射击，利用机器的轰鸣声来掩盖枪声。有

三次武装起义时，浦东地区储藏枪支的地下道

些工人纠察队还把队伍拉到郊区墓地进行训练。

2月下旬特委成立后，一直致力于在各处筹款购置武器，以满足不断壮大的工人纠察队伍的战斗需求。但是党的经费实在有限，纯粹靠经费添置武器着实困难，为此，罗亦农等人想到了一个巧妙的办法。当时，为了保卫自身生命财产安全，上海很多中小资本家纷纷搜罗人马，组成"保卫团"。保卫团成员有资格配发武器，还有机会进行军事训练，最重要的是他们是受到军阀允许的，可以公开进行活动。于是，罗亦农说服一些同志加入"保卫团"，以便利用合法的身份去取得枪支弹药、参加军事训练。这样巧妙的办法得到了大多数人的认可，很快便有100多工人纠察队员打入了"保卫团"内部。在一次运送子弹的任务中，两位同志穿上了保卫团的制服，沿路的岗哨一看是"保卫团"的人便立即予以放行，运输子弹的车畅行无阻。此外，罗亦农等人还利用邮局工人、黄包车夫等工作之便，以包裹的形式运送武器，为武装起义进行积极的准备。

总之，中共特委成立后，罗亦农等人从宏观思想上、组织上、军事上进行了充分周密的准备，使取得第三次武装起义的胜利，在北洋军阀土崩瓦解的背景下成为水到渠成、势所必然。

工人纠察队在南市总指挥部（三山会馆）前操练

第三次武装起义的胜利

3月16日，嘉兴方面的北伐军开始进军上海。两天后，前锋抵达松江，沪杭交通被切断，第三次武装起义的时机终于到了。

19日一旦，得到消息的第一时间，中共上海区委便召开会议。"我们内部把罢工的命令、口号及行动方法马上都准备好。"罗亦农在会上的提议，标志着一切准备就绪，进入临战状态。当天紧接着召开的活动分子大会上，他指出："现在的环境，上海今明天就要大的发动，现在为新旧上海交替的时代。未来的上海是一切民众与军事力量合作取得民众政权，我们是绝对的指导者。"

北伐军依旧在马不停蹄地前行，20日夜终于到达距离上海市区仅15里的龙华。第二天一早，上海市民代表会议执行委员会召开紧急常务会议，会议照原文通过了《发布总同盟罢工罢课罢市命令案》，宣布"三月二十一日正午十二时起，各界市民一致动作，宣布总同盟罢工、罢市、罢课，专特飞报，仰我全市市民，一体遵照执行，不得延迟"。

3月21日的这天，恰逢春分时节，天气分外晴朗。伴随着初春里暖阳的沐浴，声势浩大的上海八十万工人总同盟罢工开始了！随着各个商店的关门罢市，原本热闹的街道变得异常沉寂。下午1时左右，租界里的工人和市民纷纷涌入华界，马路和广场上都成了工人和群众队伍的集合点，人们挥舞着红绿色的标语和旗帜，革命的歌声此起彼落，口号声响彻云霄。"工人千万成群，巡行于闸北宝山路宝兴路一带，高呼打倒直鲁军阀，欢迎北伐军，实现民选市政府，满街墙壁，具贴总工会布告及红色标语。"工人纠察队已出现在街头，他们在马路口站岗放哨，实行警戒，戴红十字袖套的济难会的男女救护人员也活跃在人群中。平日里耀武扬威的反动军警，如今都蜷缩在自己的窝巢里，不敢再出来逞威风了。那些帝国主义的巡警和"包打听",战栗地伫立在租界华界交界处。

　　按照预定计划,全市实现总同盟罢工后,立即转为武装起义。巷战开始了,枪炮声、群众的口号声响成一片。"徒手无武装的群众,逐渐夺得武装到手中来。革命的武装力量增加了。敌人在包围中,或在逃散中。从敌人的军队蛇形蠕行中发现以竹竿系手巾的白旗,这是敌人投降了。素习凶恶压迫人民的警察,自剥其黑色的制服而逃散。大小警署的门前堆出了枪械,并悬白

1927 年 3 月上海邮政工人驱车参加战斗

旗，这是警察投降了。"

在周恩来、罗亦农等人的具体指挥下，工人纠察队仅用了短短4个钟头的时间便攻下了敌人力量较为薄弱的三个警署和湖州会馆，并缴获了大批武器。到当晚21时，除闸北区的战斗仍在紧张进行外，其他几个区的战斗已基本结束。罗亦农当即调集了沪东、虹口、沪西三个区的工人武装驰援闸北。夜间，狗急跳墙的敌人集中火力妄图截断起义队伍的进攻道路，密集的炮火造成了大片民房起火，敌人想趁乱反扑。工人纠察队一面疏散群众，一面加紧对敌人的袭击。激烈的战斗中，罗亦农一直同总指挥部保持密切的联系，他来到离前线不远的联络站，不时听取联络员战斗情况报告，配合指挥战斗。敌人纵火时，同志们担心指挥部的安全，罗亦农反而笑着鼓舞他们说："什么都不要怕，那里有群众，大火随时可以扑灭的。最后胜利是属于我们的！"

经过两天一夜的激烈战斗，英勇的上海工人用150杆旧枪和少量手榴弹击溃了敌人军警武装，占领了整个市区。在起义中，200多名工人阶级的优秀儿女光荣牺牲，1000余名纠察队员负伤，他们用鲜血推翻了北洋军阀在上海的统治，实现了上海工人阶级武装起义的胜利。

1927年3月22日，上海市工商学各界举行代表会议，选举包括罗亦农在内的19人组成上海临时市政府（即上海市民政

庆祝武装起义胜利，
冒雨举行游行

府）。次日，在中共上海区委召开的扩大的活动分子会议上，罗亦农怀着激动的心情，作了题为《上海工人第三次武装起义的意义与我们今后的工作方针》的重要讲话，充分肯定了第三次武装起义的重大意义，同时分析了上海的现状和即将投入的重要工作。讲话的最后，他振臂高呼："工人革命万岁！拥护上海特别政府！"使得会场的欢腾的气氛达到了高潮，胜利的凯歌如雷贯耳、久久回荡。

上海工人阶级举行的三次武装起义，是北伐战争时期谱写的

罗亦农穿过的马褂、长袍（龙华烈士纪念馆馆藏）

上海工人第三次武装起义后，上海特别市临时政府第一次执行委员常务会议的合
影（前排右四：罗亦农）

中国工人运动史上最光辉的一页。第三次武装起义建立起来的上海市民政府是大革命时期中国工人运动的伟大创举，是中国共产党领导下最早由民众在大城市建立起来的革命政权，第一支通过斗争获得的中国工人武装队伍也在此刻正式建立，成为保卫革命胜利果实的力量。

六

披荆斩棘湘赣鄂

LUO YINONG

风云突变志笃行

可是，正当中国共产党和上海民众为胜利欢欣鼓舞时，一场积蓄已久的危机悄然而至！蒋介石磨刀霍霍，准备对年轻的中国共产党人及其领导的武装力量挥起屠刀。

其实自从国共合作以来，蒋介石一直是站在反共立场上的。相对于国民党老右派赤裸裸的反共，蒋介石对待共产党的态度更具伪装性，不断试探着进行一些反共活动。起初，他制造了"中山舰事件"和"整理党务案"来打击共产党，但很快遭到共产党的强烈反对和社会舆论的严厉谴责，使其陷入了四面楚歌、孤家寡人的窘境。1926年11月，当北伐军胜利推进到江西的时候，蒋介石加紧了反革命的活动。一方面，他明目张胆地将总司令部设在南昌，想要和已经迁都武汉的国民政府抗衡，从而攫取国民党的领导权。另一方面，他指使手下抵制工人运动，并开始屠杀共产党人，从而破坏国共合作统一战线。

身为中共上海区委书记的罗亦农，时刻保持着对时局的清醒认识，他根据江浙地区的经济状况和阶级结构，结合北伐以来蒋介石的种种不轨图谋，判断蒋介石极有可能与帝国主义和大地主、大资产阶级勾结。他多次向党内同志警示说，大革命阵营存在着非常严重的危机和矛盾。在他看来，随着北伐的推进，蒋介

北伐时期的
蒋介石

石的权力已逐渐超越国民党党部、政府权力以上，"会形成与贪官污吏、土豪劣绅相勾结的新军阀，成为工农群众更大的敌人"，罗亦农大胆预言。这样下去是对工农群众运动非常不利的，他焦虑地说，共产党"在民族革命快要完结的时候，立即开始要坐国民党的牢狱了"，"这是何等紧急的时期"！

1927年3月，国民党反动军队逮捕了江西总工会委员长陈赞贤，威逼他解散总工会，停止工农运动。陈赞贤威武不屈，厉声呵斥前来劝降的国民党反动军官道："头可断，血可流，解散工会的字我不签！""我从事工农运动，何罪之有？你们镇压民众，破坏革命，才是大罪弥天！"国民党反动派无计可施，便决定将其残忍杀害。两名反动军官首先掏出手枪向他射击，陈赞贤中弹后屹立不倒，顽强地扑向反动军官。这时，在场的十

罗亦农画传

几个刽子手同时向他疯狂射击，陈赞贤奋力高呼"打倒新军阀！""赣州总工会万岁！""中国共产党万岁！"身中18弹英勇牺牲。

在上海主持工作的罗亦农听闻噩耗，迅速召集同志们参加区委会议。会上，他悲痛地向同志们列数国民党在江西的暴行，并推断蒋介石到上海后很可能会展开更大规模的反动活动。为了保住上海工人群众的革命斗争果实，罗亦农勉励同志们保持高度警惕，要与蒋介石做坚持不懈的斗争，"我们现在的责任，就是挽

陈赞贤烈士遗像

救这个全国的危机"。接着，罗亦农就上海区委应该如何开展具体的斗争作出了部署，叮嘱同志们要严阵以待，集中兵力，"将吴淞及南市大部分的兵力调来，四围布防，保护上总与俱乐部。我们要准备一个很大的防御的流血的牺牲，这个斗争比这次暴动的意义更大"。

罗亦农经常与周恩来及赵世炎等上海区委领导人研究如何应对蒋介石的倒行逆施。有一次，赵世炎指出："蒋介石要浙江，目的在扩大势力。因此，我们对北伐军的欢迎，不应特别提倡"，这样做是为了防止革命群众太信赖他们而造成思想麻痹。赵世炎还表示，"现在要使民众知道蒋必反革命，说北伐军、国民政府好，而蒋不好"。罗亦农和周恩来非常赞同赵世炎的主张。罗亦农多次表示，"我们处在这个右倾局面之下，必须拿出向右进攻的决心，无论任何方面都不能让步，因为让步就是断送革命"，他还指出，党要充分发展工农运动，使工农运动蓬勃开展与军事力量的发展相适应。为了巩固工人武装胜利成果和抵制即将到来的蒋介石的缴械，罗亦农领导中共上海区委做了许多准备，如采取积极步骤建立上海市民政府，加强工人武装纠察队力量等。罗亦农特别强调要牢牢抓住工人武装的必要，他认为只有这样，上海总工会"才有说话的地位"，"党的行动才有力量"。相反，如果工人武装被解除，那么"工人又将入于过去黑暗之域"，因此要"坚不缴械"。

3月22日，上海工人第三次武装发动的第二天，在上海大部分地区被起义工人控制的情况下，国民革命军东路军前敌总指挥白崇禧"适时地""兵不血刃地"驱师入城，率领先头部队抵达市郊的龙华，完成了国民革命军克复上海的"重任"。

不几日，蒋介石也来到了上海，革命与反革命的斗争也由江西、安徽转到上海。一开始，蒋介石还戴着假革命的面具，为了迷惑中共中央和上海的工人群众，他假惺惺地表示支持工人武装。为了表示"诚意"，他派代表敲锣打鼓地给总工会和工人纠察队送锦旗，高呼"共同奋斗"。但私底下，蒋介石却和帝国主义及地主买办、帮会组织勾结，并暗中收买了流氓打手，随时准备与工会对抗，夺取工人纠察队的武装。

如何应对蒋介石"两面派"的阴谋嘴脸？以陈独秀为首的党中央虽然看到了蒋介石有背叛革命的可能，但陈独秀信心不足，担心上海工人的力量不足以战胜蒋介石，指示上海区委妥协应对。与此同时，对中国革命没有经验的共产国际也出来指手画脚，指示上海区委将工人纠察队的枪械藏起来，不要和蒋介石军队发生冲突。陈独秀竟然表示服从，这种退缩态度遭到了罗亦农的坚决反对。当他看了共产国际的电报时，愤怒地说："工人用鲜血和生命夺来的数千支枪也许是可以隐藏起来，可数千名纠

四一二反革命政变前，白崇禧会见五国（英、美、法、日、意）领事

察队员藏到哪里去？藏起来就能避免斗争和屠杀吗？这是自杀政策。"

4月2日，在蒋介石的精心策划下，设在上海龙华的东路军前敌总指挥部召开了"清党反共"会议。出席这次会议的有国民党中央监察委员蔡元培、张静江、吴稚晖、李石曾等人，还有新桂系的李宗仁、白崇禧、李济深等军队首脑，会上他们决议早日"清党"。

在反共阴谋准备就绪之后，蒋介石处心积虑地为自己制造了一个不在场证明。4月9日，在宣布上海全市戒严、由白崇禧担任淞沪戒严司令后，蒋介石踏上了前往南京的专列，将反革命政变的指挥棒交给了白崇禧。

召开"龙华反共会议"的东路军前敌总指挥部

　　中国近代史上异常黑暗的一天到来了！ 4月12日，一场针对共产党人和工人群众的大屠杀拉开了序幕。当日凌晨，在国民党淞沪戒严司令部的军号声和炮艇带着悲鸣的汽笛声中，大批帮会流氓从租界冲出，向上海总工会总部等重要据点发起攻击。这些流氓不敢以真面目和纠察队"硬碰硬"，而是身穿蓝布工装裤、臂缠白底黑字的"工"字袖章，伪装成工人模样来进行破坏。正当纠察队员们进行顽强抵抗的时候，国民党反动军队假装闻讯赶到现场，以调节"工人之间内讧"为名，强行缴了双方的枪械，在混乱中许多工人纠察队员被打死打伤，以至于纠察队驻地"墙壁上之枪洞，密如蜂窝"。一时间，杀人如草不闻声，腥风血雨湮申城。

这一夜，党的干部更是面临着空前危险的生死考验。11 日夜，总工会委员长汪寿华被杜月笙诱骗过去"赴宴"，却一去无回，最终不幸遇难。周恩来也面临同样境遇，他被反动军官骗去"谈判"，当到达后却被拖延着不许离开。危急关头，罗亦农得知消息后立即派人想方设法将其救出。之后当周恩来来到北四川路罗亦农的办公处时，发现那里已被国民党军队占领，他非常担心罗亦农的安危，后来得知罗亦农在工友们的帮助下逃过一劫时才长舒一口气。

在白色恐怖笼罩之下，罗亦农没有考虑自己的安危，决定领导工人纠察队英勇反击。13 日，上海总工会发动 10 万人在青云路广场举行群众大会，罗亦农参加并在会后与工人群众一起游行请愿，要求国民党反动派立即释放被捕工友，交还纠察队枪械。但是，当队伍行至宝山路三德里附近时，遭到早已埋伏好的反动军队开枪扫射。霎时间，死伤无数，血流成河……

在国内形势逆转、革命前途异常暗淡的情况下，罗亦农鼓励同志们在困难面前不要灰心，在逆境中不要气馁。14 日，在上海各区委　各支部负责人紧急会议上，罗亦农指出，目前的黑暗是暂时的，前途却是光明的，总有一天，人民会向国民党新军阀讨

蒋介石的军队占领上海工人纠察队队部

四一二反革命政变后，大批共产党人和革命志士遭到搜捕和屠杀

还血债。

这时的武汉国民政府也面临两难的境地。蒋介石发动四一二政变打乱了北伐的节奏，在东征讨蒋和继续北伐讨奉之间发生了激烈的争论。在武汉方正举棋不定的情况下，罗亦农和周恩来主持召开上海区委主席团会议商议对策，在会上，周恩来分析认为"蒋的力量并不大"，只要武汉出兵，"即可削平蒋的势力"，罗亦农极度赞成这一意见。

4月16日，周恩来、罗亦农、赵世炎等人致电在武汉的中共中央，建议武汉国民政府应该在蒋介石立足未稳的情况下，迅速出兵，东征讨蒋。电报中分析形势说，"再不前进，则彼进我退，我方亦将为所动摇，政权领导尽将归之右派，不仅使左派灰心，整个革命必将根本失败无疑"。遗憾的是，这一忠诚建议没有被苏联顾问和陈独秀所采纳。

4月18日，蒋介石在南京另行成立代表大地主资产阶级利益的"国民政府"，之后立即发布第一号通缉令，通缉共产党干部和左派国民党人士鲍罗廷、陈独秀、毛泽东、周恩来、罗亦农等197人，都在通缉之列。在大革命生死存亡的危急关头，中国共产党决定在武汉召开第五次全国代表大会，罗亦农、张佐臣、杨培生、李震瀛等人作为上海区委代表出席这次大会。

决心汉上写新篇

4月22日前后，罗亦农一行乔装改扮，化妆成水果商人、瓷器商、鱼行老板等身份，悄悄乘坐英商怡和公司的轮船逆江而上，赴武汉。他们之所以没有选择中国招商局的轮船，是因为长江沿岸驻扎着反动派军队，中国船只随时都有可能被拦截。当罗亦农一行人决计乘坐外国轮船时，却遇到外国轮船公司"敲竹杠"，一张普通舱的票竟然被卖到45块银元，相当于普通职员两三个月的工资！罗亦农他们非常气愤，但是为了准时赶到武汉参加中共五大，无奈之下只得高价买了这些船票。

他们从上海溯江而上，途经南京、安庆、九江等地，一路上总算有惊无险。南京和安庆是蒋介石的地盘，当轮船靠岸时，反动军队看是外商轮船，便没有勇气上船检查。接着，轮船继续向前行驶，来到江西九江，幸好这时的省政府主席朱培德还没有在政治上转向国民党，他对国共之间采取静观态度，因此没有刁难船上众人，罗亦农一行这才得以顺利脱险。一个多月之后，朱培德也开始在江西反共，如果中共五大晚些召开，罗亦农一行再晚一些时候赶赴武汉，行程危险程度将会数倍增加！

罗亦农一行平安抵达武汉后不久，中共五大在武昌高等师范第一附属小学礼堂秘密开幕，由于报纸泄露了会议召开的消息，会场遂移至汉口济生三马路的黄陂会馆召开。

在这次大会上，罗亦农被选为中央委员。但是，他却并没有多高兴。因为在会上，他看到中共中央存在着的严重问题，以及对当前革命形势的判断存在着失误。当时，毛泽东也出席了中共五大，会上他当选为中央候补委员，后任中央农委委员。在这次会上，毛泽东对陈独秀主持的中央坚持右倾机会主义小资产阶级的政策非常不满。他提出迅速加强土地斗争，将农民运动和武装更彻底地组织起来。罗亦农在实际斗争中取得的经验使他非常同意毛泽东的观点，但是大会却没有加以讨论。

中共五六开幕地点——武昌高等师范第一附属小学

中共五大之后，罗亦农被任命为中共江西省委书记，赶往南昌上任。在江西，他预见到反动逆流很快就要到来，告诫革命同志不要抱存任何麻痹松懈、侥幸取胜的心理。他全力抓紧党、团组织的整顿和建设工作，要求每个革命同志务必保持清醒的政治头脑，坚定立场，增强斗志，紧紧地和人民群众站在一起，与反动势力斗争。

经过罗亦农的努力，江西的党团组织对预防反动派的袭击做了充分的准备。不久，江西省主席朱培德转变政治立场，倒向国民党反动派一方。为了清除江西省内的共产党员，他导演了一出将共产党人、革命分子"礼送出境"的丑剧，并派兵查抄总工会、农协会、学联等革命组织，查封进步报刊，顿时整个江西乌云压城，一片黑暗。

面对反革命势力的猖獗活动，罗亦农沉着应对，一方面将情况及时报告中央，另一方面迅速召集各级负责人会议，号召全体党员坚定信心。在罗亦农的组织安排下，大多数党员得到安全转移。

7月15日，汪精卫在武汉发动反革命政变，党和革命群众组织陷入非常混乱的状况，革命形势日益危急。由于严重的白色恐怖，所有的同志已经不安全，所以中共中央决定，在武汉的干部外调，从外地再调入新的干部领导工作。这样，罗亦农接替张太雷担任湖北省委书记。

此时，湖北省委机关迁至汉口。为了活动方便，罗亦农化名"赵先生"，搬到汉口一家民房内，以居民身份为掩护，坚持地下斗争。他以惊人的魄力和机智，很快就落实了各级党组织的转移、整顿，建立起秘密联络点，严阵以待应对反动势力的进攻。

为了总结大革命失败的经验教训，中共中央决定召开一场紧急会议。8月6日，罗亦农在地下交通员的带领下，来到汉口三教街41号的一个房间，参加了具有重大历史意义的八七会议。由于环境险恶，会议从上午到晚上，只开了一天。这次会议的召开非常关键，清算了以陈独秀为代表的右倾机会主义错误，通过了开展土地革命和武装反抗国民党反动派的总方针，对于挽救大革命失败所造成的危局和实现党的战略转移起了重要作用。中共五大时全国党员有近6万人，至八七会议前只剩下1万名左右，有党员说，"假若中央迟改变策略和方针一个月，我们都散了"。八七会议后，在短短的几个月内，共产党员的人数便由1万多恢复到4万多。大会决定成立中央临时政治局，瞿秋白、李维汉、罗亦农等9人被选为政治局委员。

在这次会议上总结大革命失败的经验教训时，罗亦农明确指出中共中央存在着机会主义的错误，"对于各种运动没有坚定的

八七会议会址

策略"。他还总结了不久前召开的中共五大存在的局限，他认为中共五大以前党对大资产阶级估量太高，大会时对小资产阶级估量得太高，在于党没有清醒地判断革命局势。他客观地说："我看中国共产党是革命的作客者，不是革命的主人"，"党不注意夺取政权的武装，上海、湖南都是半途而废，这是非常错误的"。罗亦农非常赞同毛泽东在这次会上所表述的"枪杆子里面出政权"，是党内最早主张用武装夺取政权的领导人之一。

罗亦农还实事求是地批评了共产国际的错误，认为共产国际派来的维经斯基、罗易都是无革命经验的。他坦率地表示，"国际决议是好的，但派来的人不好，使人不满意。这是国际要负责任的"。其实，维经斯基、罗易都是在中国忠实执行共产国际指导的，罗亦农对他们的批评就是对共产国际的批评，这在当时"以俄为师"、共产国际对中国革命有绝对权威的时期，敢于在公开会议中质疑共产国际代表是很有勇气的。

八七会议后，中央临时政治局召开的第一次会议上，蔡和森、王荷波、毛泽东、李维汉等同志都力推罗亦农进常委。但中央考虑到湖北工作特别重要，不便轻易更换省委书记，于是决定让他仍担任中共湖北省委书记，但事实上罗亦农仍可参加常委会议，可见党对罗亦农工作的极度认可。

工农武装燃星火

罗亦农临危受命，挑起了中共湖北省委书记的重担后，迅速执行党的路线转变的决策。他与湖北省委果断决定，要开展一场轰轰烈烈的工农武装运动来对抗国民党反动派的白色恐怖和血腥屠杀。领导武汉工人总同盟罢工和湖北秋收暴动便是其中的重要举措。

为了重振七一五反革命政变后遭到重创的武汉工人运动，罗亦农身披汗雨、不辞劳苦地深入武汉三镇的工厂，调研工友的生活状况，耐心做他们的工作，最终赢得了信任与拥戴。7月底，汉口发生了士兵强逼人力车工人用铜元兑换不值钱的国库券而引起冲突的事件，随即赶到的卫戍司令部和警察局军警公然向工人开枪，当场打死2人，伤10多人。反动军警的野蛮行径在人力车夫中间引起轩然大波，华界和租界的车夫不惧当局恐吓，相继举行罢工，人数达8000余人。

时值八七会议前夕，中共中央本来计划发动武汉工人举行总同盟罢工来响应南昌起义等系列反抗行动。汉口人力车夫发生罢工后，罗亦农和其领导的中共湖北省委决定因势利导，扩大这次罢工为"政治反抗的"总同盟罢工。

8月1日，党组织紧急召开工会活动分子会议，决定除电厂、水厂外，其余各行业工人一律举行全体总罢工。8月2日，在罗亦农与省工委主任李震瀛的主持部署下，汉阳兵工厂率先拉开武汉总同盟罢工的序幕，接着，震寰纱厂、裕华纱厂等7万余工人相继投入罢工的行列。

虽然罢工最终在国民党当局残酷镇压、分化下失败了，通过这次总同盟政治罢工，一定程度上动摇了武汉国民政府的统治。面对强大的敌人，罗亦农坚持继续做斗争，他指出，"由于武汉的特殊环境与工人阶级组织力量还不够强大，所以我们党在武汉必须要有持久作战的准备，要继续不断地扰乱与动摇武汉政府的政权"。

在发展并扩大二人大罢工运动的同时，中共中央制定了《关于湘鄂粤赣四省农民秋收暴动大纲》，计划通过湖北秋收暴动去策应南昌暴动和呼应湖南秋收暴动。8月5日，罗亦农领导中共湖北省委根据湖北的实际情况，制定了《鄂南农民暴动计划》，决定以鄂南的蒲圻、咸宁、通山等地为中心举行暴动，以策应湖南岳阳和长沙等地区的暴动。

在组织鄂南暴动的筹备阶段，罗亦农与湖北省委常委兼农民部部长任旭作了一份详细的计划。他们挑选了几百名得力的干部，加以训练后派到农村去组织领导农民斗争，罗亦农在省委会议上明确表示，如果鄂南暴动失败，必失败在负责同志不坚决的执行与领导群众的奋斗上面。在当时，党内畏难、退缩情绪弥漫，罗亦农所以格外强调干部的引领作用："这次我们派出去的同志，如果有二分之一能起作用，那就是很好的成绩。"

8月底，罗亦农赶到鄂南特委机关所在地蒲圻，召集各县党的负责人会议。听取了汇报，他对干部在暴动的前期发动群众工作感到很满意，鼓励各县负责人说："农民群众的行动，确是一种暴动的局面，这是由于鄂南负责同志很忠实地执行省委策略的缘故。"

这次秋收暴动原定于 9 月 10 日中秋节举行，但是在 9 月 8 日晚，正好有一列载着军火的火车从鄂南的中伙铺车站经过，罗亦农得到消息后当机立断道："机不可失，时不再来！"早就做好充分准备的农民武装缴获了一大批快枪、子弹和饷银，打胜了鄂南秋收暴动的第一仗。第二天，鄂南的通城、崇阳、嘉鱼、蒲圻等县同时举行暴动，农民群众占领了部分城镇，并组织起革命政府，截断武、长铁路交通达数 10 天之久。这次暴动像一股红色风暴，席卷着整个鄂南地区。

暴动发生的第二天，罗亦农在中共中央常委会上作了《中共湖北省委政治报告》，把这次秋收暴动的目标定为"响应武汉工人罢工，拥护南昌叶贺独立及促进土地革命加速发展"。罗亦农再次强调干部在领导群众方面的作用，并毫不客气地指出："如失败，就是我上面所说的，失败在同志尚不能相信与领导群众的奋斗上面，至于农民的气象是绝对胜利的表现。"他还对鄂南暴动提出了殷切的期望："如胜利，一定要打岳州，与湖南联合创立一两湖暴动的中心。"

罗亦农领导的这次鄂南暴动，最早点燃了秋收起义的烽火。它以公开的方式，第一次向当地农民展示出党的土地革命的旗帜。紧接着，农民武装暴动的熊熊烈火，在鄂中、鄂西、鄂北、鄂东等地蔓延起来，为以后党的红色割据打下了基础。

实事求是长江局

1927年9月，中共中央机关陆续由武汉迁回上海，为了管辖湖北、湖南、河南、江西、四川、安徽、陕西7省的土地革命运动与党务工作，中央临时政治局常委会决定由罗亦农、陈乔年、任旭、王一飞、毛泽东5人组成长江局，罗亦农任书记。毛泽东由于当时正在领导湘赣边秋收起义和创建井冈山革命根据地而没有到任。

这一时期的罗亦农，经过大革命的残酷洗礼，思想更加成熟，在决策时更加务实。罗亦农担任长江局书记后，迅速起草了《关于长江局的任务决议案》，明确了长江局所辖范围和工作职能，指出长江局是代行中央职权的机关，负责指挥7省的革命运动与党务，长江局的工作受中央指导。罗亦农还在《决议案》中明确了长江局的工作任务，即发展土地革命、开展职工运动、改造所属党部等。

在长江局工作期间，罗亦农肩上的担子更重了，他总是废寝忘食、夜以继日地工作，在生活上却简单不讲究。长江局机关设在汉口璐珈山路一排西式两层楼的房子里，每天早晨，罗亦农匆忙洗漱后，会用一个大盆装上冷水洗个头，随后以抖擞的精神投入工作。

罗亦农忙得像个陀螺，不停地在开会接谈、下乡调查、布置工作、拟定工作计划之间切换工作键，他保持着对自己的严格要求和自律精神。为了更加高效地安排好各项工作，罗亦农在办公室的壁炉架上摆上一个小小的座钟，用以随时提醒自己，强调时间观念，尤其在开会的时候，这个钟表更是发挥了非常重要的作用。

繁重的工作、不规律的作息让罗亦农经常复发胃病，他常常通宵达旦地伏在办公桌前，有时胃病发作，他便一手顶着胃部缓解疼痛，一手匆匆撰写文章。看到罗亦农如此不顾身体抱恙还在撑着工作，担任其秘书工作的李文宜既心疼又无奈，她尽

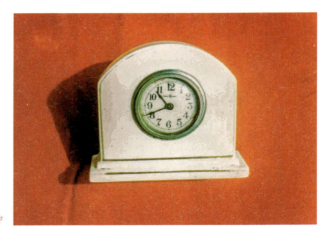

罗亦农使用过的座钟

心尽力地照顾着罗亦农的饮食起居，用小小的座钟提醒他按时服药。

李文宜，原名李哲时，湖北武昌人，早年毕业于湖北省立女子师范学校，是领导学生爱国运动的骨干。国共合作时期任湖北党部执行委员、妇女部长，她与蔡畅、邓颖超等人被称为"中央妇委八姐妹"，是妇女解放运动的领导者。1927年8月的一天，李文宜来到湖北省委机关向罗亦农汇报请示工作，罗亦农笑着对她说："你的具体工作待省委研究后再通知你。"不久，李文宜调到长江局担任罗亦农的秘书。当时罗亦农为了隐藏身份而称为"赵先生"，长江局办公的"赵公馆"常常布置成"请客打牌"的假象，掩护在这里召开的中央会议。李文宜便扮做"女主人"，在楼下客厅应付。在与敌人斗争、斡旋的岁月里，并肩作

1926 年的李文宜
（右一）

战、同甘共苦的经历和为共产主义奋斗的革命理想让他俩的心越走越近。

不久，国民党内部爆发了南京政府讨伐武汉的宁汉战争。中共中央认为，国民党新军阀间的战争，会造成武汉国民政府内部空虚，为第二次发动工农群众进行暴动夺取政权提供了可能，于是便指令两湖省委仔细讨论实施方案，坚决、勇敢地准备起来。

罗亦农当时正在湖南长沙指导工作，得知中央这一指示后，立即留信给湖南省委书记王一飞，叮嘱他加紧准备暴动夺权，同时着手发动湖南各地工人的经济斗争和组织湘西、湘南和长沙等郊县的农民游击战争。接着，罗亦农马不停蹄于 10 月 28 日赶回武汉。

这时，湖北的广大党员干部摩拳擦掌，跃跃欲试，急不可待地准备立马大干一场。在听取湖北省委请示意见后，罗亦农敏锐地感觉到革命同志们的急躁情绪，于是谨慎而又负责地回答湖北省委同志说："现在情形尚不清晰，须情形熟悉与各同志谈过之后，再开一次长江局会议，才能决定。"看到湖北省委的同志心存疑惑，他便笑着说："我离开汉口不过十多天，我们主观的力量就可以武装政权了吗？"言外之意对暴动准备是否充分存在质疑。

为了慎重起见，当晚8点，罗亦农又组织湖北省委常委会成员来听取汇报。结合巡视湖南的情况，罗亦农还是认为当前党的主观力量和技术准备都严重不足，不宜立即举行暴动。他说，"现在首要工作是准备暴动，而不是立即暴动"。这个想法遭到共青团长江局书记刘昌群的反对，罗亦农耐心地回答说："我们不要过于把敌人的力量估量太低，我们自己的力量估量太高，而发生冒险主义的行动。暴动不是开玩笑，不能随便决定。是否马上即举行武装暴动夺取政权，还需讨论。"以陈乔年为首的湖北省委认为罗亦农分析得对，接受了他的主张。

　　次日，罗亦农主持长江局会议，再次讨论这一问题后通过了《长江局最近政治决议案》，认定革命的潮流是高涨的，但是从主观和群众组织力量看，应该准备暴动而不是马上举行总暴动夺取政权，最终制止了这场"左"倾盲动的"武汉暴动"。会后，罗亦农将这个决定电告共产国际代表和中共中央，并得到共产国际的赞成。

LUO YINONG

心系革命犯险境

　　1927年11月2日，罗亦农接到中央来信，通知他将取消长江局，并决定调他去上海中共中央工作。11月4日，罗亦农和李文宜乘坐轮船离开汉口。

　　这次回上海之前，罗亦农写信给王一飞，告诉他"今日动身去沪，吉凶未卜，但君命急召，加以此次之行程关系甚大"，决定"冒险而去"。江面上，碧波荡漾，清风拂面。罗亦农久久伫

王一飞

立在甲板上，思绪良多，感慨万千。遥想当年少小离家，一个人无惧无畏地闯到上海，认识了陈独秀，受到新思想的影响，从此踏上革命道路；留学莫斯科、到广州参加革命活动、到北京组建北方区委党校，随后到上海，主持江浙地区的工作。四一二反革命政变到现在已经过去将近19个月，上海和党中央的工作不知已是怎样的局面。

三天后，罗亦农与李文宜到达上海，他们租住在上海新闸路新闸里28号。周恩来听闻罗亦农抵沪，第二天清早便赶来看望，革命危境下的重逢让这两位革命者分外激动！白色恐怖下的上海，罗亦农已然是国民党政府重点抓捕对象，当局以万元巨款的赏金捉拿他，特务、暗探、叛徒、巡捕，无时无刻不在寻觅着他的踪迹。罗亦农早已将个人的安危置之度外，勇敢机智地应付各种复杂情况，不辞劳碌地为革命事业奔波着。

11月9日至10日，罗亦农参加了中央政治局扩大会议，会上他被选为政治局常委，会后召开的中央政治局常委会议上，罗亦农被任命为组织局主任，下辖组织科、宣传科、军事科、特务科、调查科、交通科、文书科、出版科及妇委。从工作内容来看，组织局包括党的所有重要工作和日常事务，可见它已经超越原来的组织局的职能，成为全面领导中共中央日常工作的重要机构，其在中共中央的重要性可见一斑。罗亦农深感责任重大，半点儿不敢马虎，全身心投入这项工作。

11 月中下旬，罗亦农冒着极大危险，离开上海回到武汉。这次他的身份是中央两湖巡视员，任务是布置两湖总暴动、整顿武汉工人运动、恢复各级党组织、创造新的军事运动局面、恢复湖南的工人运动等。

他到武汉后，雷厉风行、秩序井然地指挥各项工作。他重新安排常委会成员，准备在湖北开展暴动夺权，并具体计划了一月内训练 300 至 500 人的工人武装，组织农民游击队，同时筹备资金购买枪支弹药。针对湖南省委的工作安排，罗亦农写信给省委书记王一飞，要求他按照中央精神积极工作并派得力同志来汉晤谈。经过一系列周密的工作安排，月末，罗亦农向中共中央报告两湖巡视情况，为中央制定全国斗争方针提供了参考。

正当罗亦农踌躇满志，为两湖总暴动忙碌奔波的时候，他却意外地接到中共中央发出的《致两湖巡视员及湖北省委信》——"停止两湖巡视员罗亦农同志职权"。通知上短短的几句话，却让罗亦农如坠冰窟。

究竟是什么原因让中央对罗亦农的工作产生了质疑呢？原来，这和上个月罗亦农在长江局工作时处理武汉总暴动有关。

10 月下旬，湖北党内围绕着宁汉战争期间是否要开展武汉暴动产生了分歧，罗亦农一直反对湖北等地在条件不成熟的时候举行暴动，甚至批评某些同志"青年冒险主义倾向"。哪知后来，宁汉战争的形式发生了戏剧性的变化，在武汉处于真空状态的情况下，武汉三镇没有发生大的斗争。这件事被一些人抓住了把柄，罗亦农被控告犯了"极严重的机会主义的错误，并有畏缩不前，临阵退缩的表现"，要求中央整饬政治纪律、彻底查究。

12月初，中共中央决定派苏兆征等人组成特别委员会，到武汉查办这件事情。罗亦农陷入非常被动的局面，但是他并不灰心。特委到来后，他立即提交了一份报告——"我认为马上举行总的暴动、夺取政权的暴动，我们主观上没有这种力量。"——申明自己的态度。中央特委为了绝对的公平公正，命令他先回上海。

罗亦农回上海后，李文宜看出罗亦农虽然表面上很平静，但却时常陷入沉默和思索。一天晚上，罗亦农问李文宜道："我们到农村去工作，你能吃苦吗？我改名亦农，就是可以为工人服务，也可以为农民服务。"一席话让李文宜感到有些莫名其妙，后来才知罗亦农当时艰难的处境。

罗亦农离开武汉后，中央特委通过了一份《批评长江局和省委政策决议案》，认定"在工作与政策指导上都犯有机会主义的严重的错误"，决定开除罗亦农等同志中央委员的职务。

处罚决定一出，顿时激起千层浪。许多同志为这个决定纷纷写信给中央反映情况，要求重查。面对怀疑和否定，罗亦农信念坚定，他坚持实事求是的原则，决定与错误的党内决定做斗争。他将事件经过梳理清楚后，向中央递交了"对于湖北问题的答辩"。

最终，以瞿秋白为首的临时中央政治局在听取不同意见后，再次进行调查，认为中央特委"大失中央近所提倡的讨论政策须民主化的精神"，并指出罗亦农等人没有犯机会主义错误，决定无条件恢复罗亦农的工作及在同志们中的威信。

重获组织信任的罗亦农在1928年元旦与李文宜举行了一场简单的婚礼，瞿秋白、周恩来、王若飞、李富春等人都来了，现场非常热闹，这次共聚给大家提供了交换中国革命策略与意见的机会。

春节过后，罗亦农再次从上海到武汉，代表中共中央巡视两湖工作。再次履职两湖，正值湖北省委遭到毁灭性的大破坏，省委常委5人中，1人被捕、1人牺牲、2人在上海，实际"无省委可言"。罗亦农到武汉后，立即了解相关情况，安排人员组成临委，尽快恢复湖北的工作，同时写信向中央汇报。

4月初，中央收到共产国际准备在莫斯科召开中共六大的通知，要求罗亦农与瞿秋白、任弼时、周恩来等人立即起身前往莫斯科筹备。于是罗亦农结束两湖地区的巡视，于9日左右回到上海。

身陷囹圄归无望

世事难料，哪知罗亦农到上海不到一周，便不幸被叛徒出卖而被捕！

4月14日晚，中央政治局常委李维汉来找罗亦农，商量和两个外省代表接头的事情。预定的接头地点有两处，一处在戈登路望志里，一处在南成都路。其中，戈登路中央机关由何家兴、贺稚华夫妇住家掩护，罗亦农不假思索地说："我跟何家兴夫妇熟悉，我去那里吧！"于是就选了去戈登路望志里接头，让李维汉去了南成都路。

4月15日，罗亦农和中共中央秘书长邓小平来到戈登路望志里的中央机关秘密联络点讨论工作。谈完工作后，邓小平按照地下工作的规定先行离开，罗亦农则留下来等待前来接头的同志。

送走邓小平，罗亦农转身刚回到屋内，还未坐定，就听前门传来一阵杂乱的脚步声，接着就听到"轰"的一声，前门被一群凶神恶煞的租界巡捕冲开了。带头的英国警探用德语问了开门的女主人后，便走进屋内，持枪对准罗亦农："你是罗亦农，我已

青年邓小平

经注意你两三年了，跟我们走吧！"罗亦农心中明白，敌人已经知道自己的姓名，这次行动是冲着他来的。想到待会儿山东的同志要过来会合，如果拖延，那么后面的同志将很危险！于是，罗亦农没有抗争，仰首阔步、神态自若地走了出去。

邓小平出门后来到弄堂口，出于革命的警惕性，他习惯性地向街边中央特科设置的警戒哨看了一眼，只见情报人员用手悄悄一指，邓小平心中一惊，知道情况不妙，加快步伐消失在人流中，心中暗暗替罗亦农捏了一把汗。多年后邓小平提起这件事，还唏嘘不已，他在向后辈回忆时还感慨"提着脑袋干革命""半分钟都差不得啊"！

罗亦农被捕房抓走的第二天，许多报纸都刊登了他被捕的消

1928 年 4 月 17 日《时报》关于罗亦农被捕的报道

息，国民党控制的报纸更是充满了"首要已擒，共祸可熄"的叫嚣。在如何营救罗亦农方面，中央特科可谓绞尽脑汁，尝试各种方案。起初，他们准备用 4 万块巨款买通敌人争取保释，但考虑到罗亦农身份已经暴露，这种办法行不通。最后，特科决计在罗亦农从租界引渡到华淞沪警备司令部的路上，用武力冒险的方式将其"抢"出来。具体计划是：事先买一口棺材，棺材里暗藏枪支，在罗亦农被引渡的当天，让李文宜披麻戴孝，装作死者的家属，特科队员伪装成送葬的队伍跟在棺材后面。当押送罗亦农的囚车经过送葬队伍时，特科队员便迅速从棺材中取出武器，朝囚车开枪，把罗亦农抢下来。

但是没有想到，罗亦农的引渡时间突然起了变化，时间被大大提前了，劫夺工作根本没有时间去准备，失败的风险极大。

4 月 18 日，反动当局把罗亦农引渡到国民党淞沪警备司令部。看到悬赏已久的"共党要犯"被缉拿归案，淞沪警备司令钱

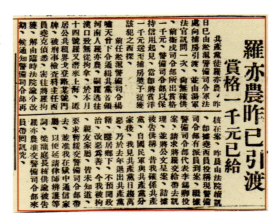

1928 年 4 月 19 日《民国日报》关于罗亦农由租界引渡到淞沪警备司令部的报道

大钧大喜过望，一面电告蒋介石请示处理办法，一面布置警备司令部军法处展开审问。敌人太迫切想从这个共产党领导人物嘴里得到重要情报！但是，敌人没有想到，罗亦农在审讯中不发一言半语，对各种利诱也是嗤之以鼻，让审讯者非常难堪。敌人看利诱不成，便摆出恐怖的刑具，妄图迫使他就犯，罗亦农依旧泰然自若，不露丝毫的惧怕，大声呵斥道："既然知道我是罗亦农，何必摆出这副臭架子，我对你们没什么好谈的。"三言两语便杀住了敌人的威风。淞沪警备司令部军法处长看到罗亦农不肯吐露半点儿信息，甚是无奈。陈立夫来亲自审问他，罗亦农也只淡淡地说"我是罗亦农""我是中共党员"。陈立夫根本无法从罗亦农口中套出任何情报。

罗亦农被关押在淞沪警备司令部的"地"字牢房里，隔壁

"天"字牢房里面还关押着不久前被捕的陈乔年、郑覆他、许白昊、周之楚等同志。罗亦农在未被捕之前，由他负责这些革命同志的营救计划，他曾设想以 5 万银元的巨款，收买警备司令部军法处的法官，争取缓判或者减判这些革命同志。罗亦农被捕后，营救这些同志的计划被迫中断。

在狱中，罗亦农经常站在窗口和这些同志说话了解情况，他关心同志们的处境，叮嘱同志们赶快想办法自救。他记起以前在上海区委工作的时候，和赵世炎、汪寿华既是要好的朋友，也是最亲密的革命伙伴。他们三人经常玩笑猜测，谁能在革命中活下来，谁会最先牺牲。汪寿华和赵世炎先后牺牲了，许许多多的革

淞沪警备司令部龙华监狱男牢（复原图）

　　　　　　　　　　　　　　　罗亦农画传

命者都牺牲了，这次，自己是危在旦夕了。

在国民党连续审问和拉拢均没有收获的情况下，4月20日，蒋介石发来电报，命将罗亦农"就地处决"。4月21日，罗亦农正在与狱友下棋，突然门外有人高喊："罗亦农出来过堂！"只见门外站满了持枪的士兵，罗亦农慢慢落下手中最后一颗棋子，站起身来，刷刷帽子，掸掸衣服和鞋袜上的灰尘，然后在难友们的目送下，昂首阔步走出铁门……

龙华丹心书汗青

4月21日下午3时，天空乌云密布，上海西南郊野的龙华刑场戒备森严。罗亦农穿着整齐的直贡呢马褂、灰色哔叽长袍，在司令部特务营一个排的押解下，从容步入刑场，英勇就义。从他被捕到牺牲，只有6天时间。

罗亦农被捕后，中央特科很快查明了叛徒。住家看守中央机关的何家兴和贺稚华，曾在莫斯科东方大学留学，回国后混进革命阵营。他们本是安于享乐的人，常常出入茶楼酒肆、舞场剧院等场所，罗亦农曾对他们进行过批评教育："作为共产党人，在这样艰苦的环境下怎么还能够去花天酒地呢？"罗亦农一席正直的话，却让这对夫妇怀恨在心。四一二反革命政变后，上海一直笼罩在白色恐怖之下，这对夫妇早就不想为革命工作而担惊受怕了，他们想结束国内枯燥无味的生活，到外国去过奢靡浮华的日子。左思右想，二人决计通过出卖革命领导干部，向公共租界换取一笔巨额赏金和出国护照。于是在党内任"高官"的政治局常委罗亦农就在这种情况下被他们出卖了。

当中央特科的直接领导人周恩来得知是何家兴夫妇出卖罗亦农的时候，感到非常痛恨，于是下令，要特科尽快处决叛徒。4月25日凌晨，情报科科长陈赓亲自带领"红队"冲进这对叛徒夫妻的住所，朝着刚从睡梦中惊醒的何家兴连发数弹，当场使其毙命。贺稚华头上中了一枪后，慌忙钻到床底下装死，侥幸躲过一劫。

罗亦农牺牲前，曾用隐语给党中央写了一封信，交待尚未完成的工作；又给妻子李文宜留下一封遗书，上面写道："哲时（李文宜曾用名），永别了。灵其有知，将永远拥抱你。望你学我之所学，以慰我。'勉励妻子继承他的革命遗志，为党的事业奋斗到底。

罗亦农被害后，当局拍下罗亦农就义的照片，刊登于报纸，大肆宣扬，杀一儆百。曾在中央宣传部工作的黄玠然回忆，按照中央规定，凡是党内有人被捕，此人所知道的机关就要立马转移。这次罗亦农被捕后，大家都有信心罗亦农不会供出党的机关，都不想放弃原来的办公地，但是由于党的纪律在，必须执行党的规定。于是，他与机关工作的同志只好出去躲几天，罗亦农牺牲后，见没有什么动静，便回到机关正常办公。这些机关罗亦农都是去过的，他被捕后却一直安然无恙，足见罗亦农的忠诚和坚定！

　　罗亦农牺牲后第二天，党组织派人通知李文宜。当特科人员敲开李文宜的家门后，看到她一脸疲惫与憔悴。听到来人说的话，李文宜赶往龙华，看到的是一张醒目的布告："奉蒋总司令命令，共党要犯罗亦农立即枪决。淞沪警备司令钱大钧。"她只觉天旋地转，两腿一软，瘫到地上，嚎啕大哭。后来她在一名当地百姓的带领下，沿着马路找到了丈夫的坟，崭新的泥土分外醒目，在阴雨绵绵中诉说着英雄的故事……

1928年4月22日《申报》刊
登的罗亦农牺牲照

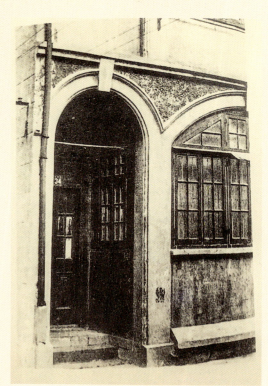

中国共产党早期领导人邮票（三）
之罗亦农

《布尔塞维克》编辑部旧址

罗亦农画传

罗亦农大事年表

1902 年

生于湖南湘潭。幼年曾入私塾读书。

1916 年

考入湘潭益智学校（4 年制）。后因不满校规，退学。

1919 年

春节之前，在父亲的安排下结婚。

五四运动期间，赴长沙参加学生运动；在船山学校创设的平民半日学校学习。

不久后，去上海，在一家报馆当校对。

1920 年

春 初访陈独秀。

6 月 发起组织沪滨工读互助团。

8 月 进入刚刚成立的外国语学社学习，并成为上海社会主义青年团首批团员。

1921 年

2 月 沪滨工读互助团解散。

春节 回乡筹措去莫斯科留学的旅费。

5月 从上海出发，取道日本，赴苏俄留学。

7月 抵达莫斯科，列席共产国际三大。

8月 进入莫斯科东方劳动大学中国班学习。起用俄文名"布哈洛夫"。不久，中国班成立旅俄中国青年团，被推为书记。

冬 中国班建立中共组织，由团转党，任中共旅莫组主席（后改为书记）。

1922年

1月21日 出席远东各国共产党及民族革命团体第一次代表大会。（2月2日结束）

12月7日 陈独秀到东大看望中国班学生。

12月18日 主持召开中共旅莫组会议，会上提议将中共旅莫组划分为三个党小组，罗亦农兼任一个小组的组长。

1923年

2、3月间 接到赵世炎来信，请求安排中共旅欧支部部分同学转来东大的相关事宜。

4月 丢病住院。其间，中共旅欧支部的第一批12人——赵世炎、陈延年、陈乔年、袁庆云等到达莫斯科。

4月28日 出席中共旅莫支部大会，罗亦农、彭述之、赵世炎组成新的支部委员会，罗亦农任书记。

9 月　以中共旅莫支部书记的身份接待以蒋介石为团长的孙逸仙博士代表团。

1924 年

7 月 25 日　中共旅莫支部第四期第一次大会，选举罗亦农、王若飞、王一飞组成新的执行委员会，罗亦农任书记。

10 月　李大钊来到东大，参与领导旅莫支部工作。

12 月 27 日　代表中共旅莫支部写信给中共中央，反对陈独秀的主张。

1925 年

1 月　接中共中央来信，急需有能力的同志回国工作。

1 月 18 日　在中共旅莫支部大会上做工作报告，大会选举以王一飞为书记的新的执委会。

3 月 12 日　与王若飞、佘立亚、李蔚农等一起从莫斯科动身回国。

3 月 29 日　到达海参崴。听取梁柏台、汪寿华汇报海参崴中国工人运动的情况。

4 月 9 日　离开海参崴向上海进发。

4 月中旬　到达上海，住在慕尔鸣路中共中央宣传部机关。

4 月下旬　去广州参加全国第二次劳动大会。

4 月 26 日　中共中央机关报《向导》第 112 期发表署名

"一农"的文章《今年五一之国际状况》。

5月1日　出席全国第二次劳动大会和广东省第一次农民代表大会。

5月7日　中共中央决定成立中央驻粤临时委员会,以谭平山、周恩来、罗亦农、陈延年、鲍罗廷5人为委员。

5月10日　在《向导》第114期上发表《今年五一广州的两大盛举》。

5月上旬　在《中国工人》第5期发表《"五一"纪念与农民》。

5月17日　在《向导》第115期上发表《中国第二次全国劳动大会之始末》。

5、6月间　广州发生滇、桂军阀叛乱,参与平定叛乱。

6月2日　广州召开声援五卅运动大会,在会上发表演说。

6月中旬　在共青团广州地委全体会议上报告五卅惨案的意义。

6月20日　在《向导》第118期上发表《形势严重下之广州政府》。

6月23日　参加上海五卅惨案追悼大会及游行示威,发生沙基惨案。

9月18日　在《向导》第130期上发表《廖仲恺遇刺前后

的广州政局》。

10月　由粤到京，代表中共广东区委出席中共中央扩大会议。会后应李大钊的要求，留京主持北方区委党校工作。

12月中下旬　到达上海。

12月19日　中共上海区委发出《枢字通告第二十六号》，通告"中局决案，派罗亦农同学为区委书记"。

1926年

2月5日　主持上海区委主席团会议，决定加强上海总工会工作，党校挑选二三十人开班。

2月16日　主持区委主席团会议，讨论加强党建和骨干培养，决定举办高级党校和低级党校。

年初　与诸有伦结婚。

4月2日　区委主席团会议讨论通过加强秘密工作的18项措施。开始在党内使用"林子谷"的化名。

4月26日　出席中央、上海区委联席会议，讨论上海区委提出的8项工运策略。

5月2日　在听取各部委书记汇报五一工作后指出：现在区委太不健全。

5月7日　召开区委主席团会议，决定成立上海区委军事特别委员会，罗亦农任主席。

5月18日　区委主席团会议决定成立五卅行动委员会，以罗亦农为主任。

5月29日　上海举行五卅烈士公墓奠基典礼。

5月30日　上海公共体育场举行五卅运动周年纪念大会，会后举行了游行。

6月2日　在区委全体会议上作《"五卅"周年纪念运动的经过及今后我们的工作》的报告。

6月11日至7月9日　区委党校开学，罗亦农在党校授课若干次。

6月18日　区委全体委员会决定由罗亦农（书记）、赵世炎、庄文恭、尹宽、汪寿华5人组成主席团。

6月26日　在部委书记会议上分析上海的政治形势，提出今后凡党员必听党部指挥，工会会员必受工会指挥。

7月12至18日　和赵世炎代表上海区委出席在上海举行的中共中央四届三中扩大全会，并代中共中央起草《上海工作计划决议案》。

8月3日　主持区委主席团会议，讨论沪区对孙传芳的方针，决定通过国民党党部联络反孙力量。

9月20日　根据陈独秀指示，成立以罗亦农为主任的区委市民运动委员会。

9 月 23 日　召开区委临时主席团会议，在会上提出区委"要特别做农运，且要出版报纸"。

10 月 12 日　主持区委主席团会议。在会上传达中央关于准备暴动的决定，提出：以区委主席团为军事委员会，准备军事行动；同时，与虞洽卿联系，并推动他积极行动。

10 月 17 日　得悉浙江省长夏超已正式接受国民革命军任命后，召开临时主席团会议，讨论市政府组织问题和准备暴动，提出："名称上要用上海市民和平维持会"。秘密总指挥罗亦农，公开总指挥李震瀛。从这次会议开始，区委进入上海工人第一次武装起义的具体准备阶段。

10 月 24 日　上海工人举行第一次起义，旋即失败。下午，区委临时主席团会议讨论暴动的善后工作及继续问题。

11 月 19 日　主持区委主席团会议。会议根据陈独秀来信，决定暂停暴动，改为注重经常的暴动准备和工会工作。

12 月 7 日　在区委全体会议上作政治报告。会议决定由罗亦农和赵世炎举办农运训练班。

12 月 16 日　召开部委书记会议，提出要积极建立党的基础，取得领导广大群众的地位，预备胜利后国民党的压迫。

1927 年

1 月 4 至 6 日　去宁波检查工作。

1月8日　上海特别市市民公会被封。

1月19日　出席中共中央、上海区委联席会议。会议认为，目前总的局势为内应外合的反赤局面。

2月9日　向陈独秀汇报上海区委改选问题。

同日　召开区委全体会议。罗亦农任政治问题及农民问题委员会主任，兼任提案委员会委员；与赵世炎、汪寿华等5人组成区党代会主席团。

2月11至15日　中共上海区委召开第一次党代表大会。大会选举罗亦农、张佐臣、赵世炎、汪寿华等13人为正式委员。

2月16日　主寺改选后的区委第一次全体会议。会议推选罗亦农为区委书记，和赵世炎、汪寿华、尹宽组成主席团。罗亦农兼任农民运动委员会主任。

2月18日　上海总工会决议举行全市总同盟罢工。

2月22日　上海市民临时革命委员会正式成立，罗亦农作为中共代表，为委员之一。

同日　下午4时，区委发出《特别紧急通告》，命令全上海动员暴动。

2月23日　中共中央、上海区委联席会议决定：停止暴动，并组织中央特别委员会，由陈独秀、罗亦农、赵世炎、汪寿华、周恩来等8人组成。

2月24日　出席特委会议。会议决定罗亦农参加特别军委。

3月5日　出席特委会议，讨论暴动问题。会议还讨论通过临时政府名单，罗亦农代表中共参加市民政府。

3月6日　出席国民党上海政务委员会。

3月12日　出席上海市民临时代表会议，被推选为临时执行委员。

3月13日　出席特委会议。会议决定组织市民代表会议执行委员会党团会，以罗亦农为书记。

3月14日　出席市民代表会议第一次执行委员会。被推选为组织委员兼市政委员。

3月19日　出席市民代表会议执行委员会紧急会议。会议暂推钮永建、杨杏佛、侯绍裘、罗亦农等35人为市政府委员。

3月20日　出席市民会议执行委员会紧急会议。会议发出《告市民书》，号召各界市民"联合起来，响应北伐军，成立市民代表会议的市政府"。

3月21日　中共中央、上海区委决定即时发动起义。自上午12时起，举行总同盟罢工、罢课、罢市。罗亦农在华界、租界交界处的指挥所指挥战斗。

3月22日　下午4时，起义取得胜利。

同日　出席第二次市民临时代表会议、临时市政府第一次执行委员会会议。

3月23日　区委发出复工通知。

3月26日　在区委会议上指出：现反革命势力已集中于上海，中心问题是上海总工会的武装纠察队问题。当天蒋介石抵沪。

3月28日　蒋介石、白崇禧宣布全上海戒严。

3月29日　出席临时市政府就职典礼。

4月6日　在区委活动分子大会上作《目前时局与我们的策略》报告，提出与新右派斗争的三条方针。

4月12日　蒋介石发动四一二政变，上海工人武装纠察队被缴械。

4月22日前后　与李立三、王荷波等坐船去武汉。

4月27日至5月9日　出席中国共产党第五次全国代表大会，被选为中共中央委员。会后，调任中共江西省委书记。

6月13日　中共中央常委会议决议，调汪泽楷接罗亦农任中共江西省委书记。

7月17日　接替张太雷任中共湖北省委书记。

7月中旬　中共中央临时常务委员会决定：在湘鄂粤赣四省举行秋收起义、南昌起义，同时决定举行武汉工人总同盟罢工响应南昌起义。

7月30日　武汉华界车夫5000人，租界车夫3000余人举行罢工。湖北省委决定将罢工扩大为武汉三镇总同盟罢工。

8月2日　武汉三镇举行总同盟罢工。因车夫领导者大批被捕，旋即复工。

8月7日　出席中共八七紧急会议，当选为中共中央临时政治局委员。

8月中旬　重新修订湖北秋收起义计划，决定以鄂南区为中心。

9月8日　开始鄂南暴动。不久失败。

9月23日　出席中共中央临时政治局常委会议。建议组织长江局。

9月28日　出席中共中央临时政治局常委会议。会议决定由罗亦农、陈乔年、任旭、王一飞、毛泽东等5人组成长江局。罗亦农兼任长江局军事特派员。

10月1日　中共中央发出由罗亦农起草的《关于长江局的任务决议案》（即长江局组织草案），规定长江局管辖范围为鄂、湘、豫、赣、川、皖、陕七省（随后又增加了甘肃）。

10月22日　中共中央发出《通告第十一号》，决定出版机关刊物《布尔塞维克》，由瞿秋白、罗亦农、邓中夏、王若飞等组成编辑委员会。

11 月 2 日　接中共中央来信，取消长江局，调罗亦农去中共中央工作。

11 月 4 日　启程去上海参加中共中央扩大会议。

11 月 9 至 10 日　出席中共中央扩大会议，并被选为中央政治局委员、常务委员。

11 月 14 日　出席中共中央政治局常委会议。罗亦农担任组织局主任，并参加党报委员会。

11 月中旬　中共中央决定以罗亦农为中央两湖巡视员。

11 月 25 日　由沪抵汉。

11 月 30 日　向中共中央报告两湖巡视情况。

12 月 3 日　共青团长江局书记刘昌群和共青团湖北省委书记韩光汉控告中共长江局、罗亦农和中共湖北省委"犯了极严重的机会主义的错误"。

12 月 4 日　中共中央常委会议决定派苏兆征等组成中央特别委员会，前往查办。

12 月 9 日　中央特委到达武汉，停止两湖巡视员罗亦农及中共湖北省委常委职权，由中央特别委员会代行省委常委职权。

12 月 12 日　向特委提交《对于湖北省委扩大会议的报告》的书面发言稿。

12 月 16 日　由武汉返抵上海。

12 月 21 日　向中共中央提交《对于湖北问题的答辩》。

12 月 24 日　中共中央临时政治局会议肯定罗亦农对于湖北的政治指导没有犯机会主义的错误。

1928 年

1 月 1 日　中共中央发出《告湖北同志书》，肯定长江局及罗亦农停止暴动的决定"是正确的指导"。

同日　与李哲时（文宜）结婚。

1 月 13 日　出席中共中央临时政治局会议。会议讨论召开中国共产党第六次全国代表大会的问题。

3 月 20 日　由上海到达武汉，代表中共中央巡视两湖工作。

4 月 9 日前后　由武汉返抵上海。

4 月 15 日　因叛徒告密，被捕。

4 月 21 日　牺牲于上海龙华。

参考文献

1. 罗亦农：《罗亦农文集》，人民出版社 1999 年版。

2. 中共中央党史研究室编：《中国共产党的九十年》，中共党史出版社、党建读物出版社 2016 年版。

3. 中共上海市委党史研究室编：《1921—1933：中共中央在上海》，中共党史出版社 2006 年版。

4. 中共上海市委党史研究室编：《上海党史资料汇编》（第 5 编），上海书店出版社 2018 年版。

5. 中国革命博物馆编：《中国共产党 70 年图集》（上），上海人民出版社 1991 年版。

6. 中共上海市委党史资料征集委员会、上海市民政局合编：《上海英烈传》（3），百家出版社 1988 年版。

7. 中共中央编译局国际共运史研究所编：《共产国际大事记（1914—1943）》，黑龙江人民出版社 1989 年版。

8. 中共北京市委党史研究室编：《中国共产党北京历史》（第 1 卷），北京出版社 2011 年版。

9. 许玉芳、卞杏英编著：《上海三次工人武装起义研究》，上海知识出版社 1987 年版。

    10. 王玉平编写：《上海工人三次武装起义》，新华出版社
1991 年版。

    11. 上海市档案馆编：《上海工人三次武装起义》，上海人民
出版社 1983 年版。

    12. 黄逸峰、周尚文：《上海工人三次武装起义》，上海人民
出版社 1979 年版。

    13. 刘明逵、唐玉良主编：《中国工人运动史》(第三卷)，广
东人民出版社 1998 年版。

    14. 李良明：《中国工运与历史英烈传——罗亦农》，中国工
人出版社 2016 年版。

    15. 范晓春：《中国工运与历史英烈传——陈独秀》，中国工
人出版社 2012 年版。

    16. 卢权、褟倩红：《中国工运与历史英烈传——苏兆征》，
中国工人出版社 2012 年版。

    17. 中共党史人物研究会编：《中共党史人物传》第八卷，陕
西人民出版社 1983 年版。

    18. 中共湖南省委组织部、宣传部、党史研究室编：《亦农诞
辰一百周年纪念集》，湖南人民出版社 2002 年版。

    19. 中共湘潭市委党史资料征集办公室编：《中国共产党在湘

潭的活动史料选编》(1)，1986年版。

20. 上海档案馆编：《上海档案史料研究》(第10辑)，上海三联书店2011年版。

21. 申晓云：《图说北伐》，东方出版社2017年版。

22. 李文宜：《李文宜回忆录》，东方出版社2004年版。

23. 孙占元主编：《中国共产党人文化思想研究》，山东人民出版社2002年版。

24. 郑超麟：《郑超麟回忆录》，东方出版社2003年版。

25. 广东省人民政府地方志办公室编：《广州印记》(3)，广东人民出版社2018年版。

26. 一木：《瞿秋白与罗亦农》，《瞿秋白研究》(13)，2005年。

27. 百年潮杂志社编：《百年潮精粹·伟人印记》，中共党史出版社2018年版。

28. 中国国家博物馆编著：《共和国领导者故事——刘少奇》，上海教育出版社2014年版。

29. 张树军主编：《图文中国共产党纪事1919—1931》，河北人民出版社201 年版。

30.《民国日报》《申报》等民国报纸。

后 记

　　本书是集体编撰的成果。龙华烈士纪念馆研究室接到任务伊始，便组成了专题小组。我们将罗亦农的成长发展结合中国社会的历史进程进行了划分，分别开展有针对性的资料收集整理和校对。文稿最终由鲍晓琼（第1—3章）、潘晨（第4、5章）、徐贞（第6、7章）三人合作完成，要特别感谢马振宇在前期资料收集阶段所做的工作，为罗亦农青少年时期的书写奠定了良好基础。

　　本书作为龙华英烈画传系列丛书中的一本，在体例、风格、形式以及图书内容等多方面得到了上海市委党史研究室和上海人民出版社专家的指导和支持，为此诚挚地感谢他们。

　　在编撰过程中，我们尽量对各项材料进行横向对比，将人物事迹置于历史的大背景下进行叙述。但囿于学识和经验的不足，内容中不免有错漏以及叙述不当之处。为此，我们惴惴于心，也将鞭策我们在研究工作中深入学习科学的方法，投以更加谨慎的态度。对于书中的不足，诚望读者予以谅解，祈加斧正。

作者

图书在版编目(CIP)数据

罗亦农画传/中共上海市委党史研究室,龙华烈士
纪念馆编;鲍晓琼,潘晨,徐贞著. —上海:上海人
民出版社,2021
ISBN 978 - 7 - 208 - 17212 - 8

Ⅰ.①罗… Ⅱ.①中… ②龙… ③鲍… ④潘… ⑤徐
… Ⅲ.①罗亦农(1901 - 1928)-传记-画册 Ⅳ.
①K827＝6

中国版本图书馆 CIP 数据核字(2021)第 132749 号

责任编辑 李 莹
封面设计 周伟伟

罗亦农画传
中共上海市委党史研究室 编
龙 华 烈 士 纪 念 馆
鲍晓琼 潘 晨 徐 贞 著

出 版 上海人民出版社
 (200001 上海福建中路 193 号)
发 行 上海人民出版社发行中心
印 刷 上海中华印刷有限公司
开 本 720×1000 1/16
印 张 12.5
字 数 105,000
版 次 2021 年 7 月第 1 版
印 次 2021 年 7 月第 1 次印刷
ISBN 978 - 7 - 208 - 17212 - 8/K·3100
定 价 58.00 元